新—悦

遇见智识与思想

失落文明系列简介

本系列丛书意图探索伟大的古文明的兴衰和古代世
界人们的生活。每本书不仅涉及所述文明的历史、
艺术、文化和延续至今的影响，还试图解释它们与
当代生活的联系以及在当代社会中的重要意义。

该系列已出版

《古希腊人：在希腊大陆之外》

　　［英］菲利普·马特扎克（Philip Matyszak）

《六千零一夜：关于古埃及的知识考古》

　　［英］克里斯蒂娜·里格斯（Christina Riggs）

《从历史到传说：被"定义"的哥特》

　　［英］戴维·M.格温（David M.Gwynn）

《携带黄金鱼子酱的居鲁士：波斯帝国及其遗产》

　　［英］乔弗里·帕克（Geoffrey Parker）
　　［英］布兰达·帕克（Brenda Parker）

《蛮族世界的拼图：欧洲史前居民百科全书》

　　［波］彼得·柏伽基（Peter Bogucki）

《众神降临之前：在沉默中重现的印度河文明》

　　［英］安德鲁·鲁宾逊（Andrew Robinson）

即将出版

《伊特鲁里亚文明》

　　［英］露西·希普利（Lucy Shipley）

《苏美尔文明》

　　［英］保罗·柯林斯（Paul Collins）

Andrew Robinson

［英］安德鲁·鲁宾逊 | 著

周佳 | 译

THE INDUS

众神降临之前

在沉默中重现的

印度河文明

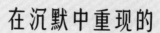

中国社会科学出版社

审图号：GS(2020)7052号

图字：01-2020-2126号

图书在版编目（CIP）数据

众神降临之前：在沉默中重现的印度河文明 ／（英）
安德鲁·鲁宾逊著；周佳译. －－ 北京 ： 中国社会科学
出版社，2021. 4

书名原文：The Indus

ISBN 978-7-5203-6957-2

Ⅰ.①众… Ⅱ.①安… ②周… Ⅲ.①文化史－印度
Ⅳ.①K351.03

中国版本图书馆CIP数据核字(2020)第148331号

出 版 人	赵剑英
项目统筹	侯苗苗
责任编辑	侯苗苗　桑诗慧
责任校对	徐沐熙
责任印制	王　超

出　　版	中国社会科学出版社
社　　址	北京鼓楼西大街甲 158 号
邮　　编	100720
网　　址	http://www.csspw.cn
发 行 部	010-84083685
门 市 部	010-84029450
经　　销	新华书店及其他书店

印刷装订	北京君升印刷有限公司
版　　次	2021 年 4 月第 1 版
印　　次	2021 年 4 月第 1 次印刷

开　　本	880×1230　　1/32
印　　张	9.75
字　　数	188 千字
定　　价	79.00 元

凡购买中国社会科学出版社图书，如有质量问题请与本社营销中心联系调换

电话：010-84083683

版权所有　侵权必究

考古学家们极少能够有机会……可以偶然发现一个被世界遗忘已久的文明的遗迹。看上去，此时此刻，在印度河平原上，我们就站在新发现的门槛上。

——约翰·马歇尔（John Marshall），

印度考古调查局局长

《印度河文明》一书写作上乘，读之津津有味……在未解之谜面前，鲁宾逊采取了公平的态度和审慎平衡的判断……此书是关于印度河文明的又一具有价值的著作。

——伊尔凡陀·马哈德万（Iravatham Mahadevan），

印度河文字研究专家

安德鲁·鲁宾逊为世界上最难解的古代文明之一绘制了杰出的肖像。在这一过程中，他毫不费力地跨越了数个不同学科，展示出相当高的学术水平。此书对印度河文明及其文字、宗教信仰和复杂的历史遗产进行了简明扼要的介绍，展现了当时历史背景下一个繁荣的城市文明社会。他把印度河文明和民族从历史的暗影中寻找出来；毫不夸张地说，任何对古代文明感兴趣的人，都应当读一读这本言辞优美、论证缜密的文明档案。

——布赖恩·费根（Brian Fagan），

加州大学圣塔芭芭拉分校人类学名誉教授

图 1 地图上显示的几个地点，是印度河文明及邻近区域的近 1000 处遗址中最重要的一部分。大部分遗址都来自成熟期（约公元前 2600—前 1900 年），但也有少部分更加古老，其中一个遗址的历史甚至早至公元前 7000 年。

（注：本书地图系原书所附）

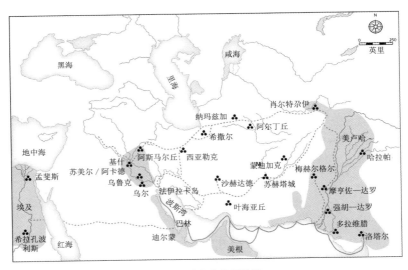

图 2 地图上展示了印度河文明海上和路上的贸易路线。

（注：本书地图系原书所附）

大事年谱

约公元前 7000—前 2600 年	梅赫尔格尔（Mehrgarh，在今巴基斯坦俾路支省）出现村落定居：种植小麦和大麦，驯化家牛
约公元前 5000 年	中国和印度（恒河河谷）种植水稻
公元前四千纪中期	美索不达米亚的乌鲁克（Uruk）出现城市
约公元前 3500 年	哈拉帕（Harappa，在今巴基斯坦旁遮普省）出现定居点
约公元前 3500—前 2600 年	印度河文明早期
约公元前 3100 年	美索不达米亚出现楔形文字；埃及出现象形文字
公元前三千纪上半叶	乌鲁克的吉尔伽美什王（Gilgamesh）统治美索不达米亚
约公元前 2600—前 2500 年	埃及吉萨兴建金字塔
约公元前 2600 年	美索不达米亚乌尔第一王朝：美索不达米亚和印度河流域间开始贸易

约公元前 2600—前 1900 年	印度河文明成熟期：哈拉帕和摩亨佐—达罗[1]（Mohenjo-daro，在今巴基斯坦信德省）出现城市；印度河文字在整个文明范围内广泛使用
约公元前 2400—前 1500 年	土库曼斯坦和阿富汗的巴克特里亚—马尔吉亚纳古文明体
约公元前 2334—前 2279 年	阿卡德（Akkad）王萨尔贡（Sargon）在美索不达米亚建立阿卡德王国；与美卢哈（Meluhha，即印度河地区）[2]进行贸易
公元前两千纪	说印度·雅利安语的诸民族自西方迁徙至印度次大陆西北部
约公元前 1900—前 1700 年	印度河文明晚期：城市和印度河文字衰微
约公元前 1900—前 1500 年	埃及、巴勒斯坦和西奈半岛出现字母系统
约公元前 1800 年	美索不达米亚和印度河流域间贸易衰落
公元前 1792—前 1750 年	巴比伦王汉谟拉比统治美索不达米亚

---

[1] "Mohenjo-Daro" 的中文译名众多，有摩亨佐—达罗、摩亨佐达罗、摩亨朱达罗等，其中学界多用"摩亨佐—达罗"或"摩亨佐达罗"。为尽量贴合原语言，本书一律使用"摩亨佐—达罗"。本书脚注若无特殊标注，则为译者注。
[2] "Meluhha"一词国内学界暂无通用译名，本书采用"美卢哈"这一译法。

约公元前 1600— 前 1050（？）年	中国商朝：汉语字符逐步发展
约公元前 1500—前 500 年	《梨俱吠陀》及其他以梵语书写的 吠陀经典陆续编纂出世
公元前 1361—前 1352 年	图坦卡蒙统治埃及
约公元前 1300 年	哈拉帕无人居住
约公元前 1200 年	地中海东岸文明（克诺索斯、迈 锡尼、特洛伊、埃及新王朝等） 纷纷崩溃
约公元前 800 年	恒河流域出现城市
公元前 563— 前 483（？）年	佛陀乔达摩·悉达多在世
公元前 522—前 486 年	大流士大帝统治波斯
公元前 326 年	亚历山大大帝入侵印度河流域
约公元前 300 年—公元 400 年	印度两大史诗《摩诃婆罗多》和 《罗摩衍那》被编纂
约公元前 269—前 232 年	阿育王统治时期；婆罗米字母和 佉卢文出现
20 世纪 20 年代	印度河文明被发现，考古发掘启动
公元 1947 年	印巴分治，印度河文明遗址随之 分散于两国
公元 1980 年	摩亨佐—达罗被联合国教科文组 织收录入世界遗产遗址名录

目　录

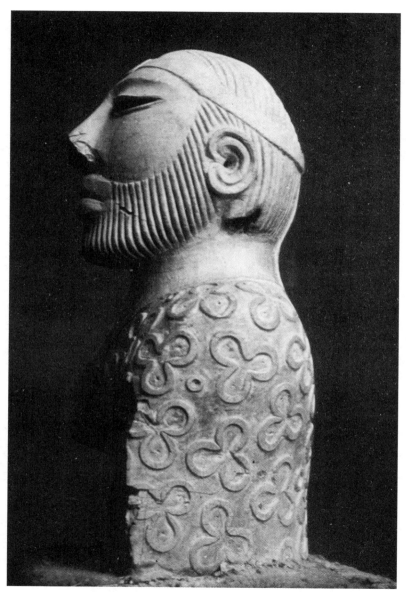

图 1 "祭司王" 半身像，出土于印度河谷中的城市摩亨佐—达罗

第 1 章

谜一样的世界

20世纪60年代，肯尼思·克拉克（Kenneth Clark）推出了首创性电视系列片《文明》。在《文明》中，这位卓越的艺术史学家仔细考量了文明的非西方起源，这些文明比古希腊文明要早2500年。他评论称：

> 在历史上，人类曾经历过三四次跨越式发展，在普通的演进条件下这种发展是不可思议的。其中一次就是在大约公元前3000年的时候，除了埃及和美索不达米亚，印度河谷也突然出现了文明。另一次则是在公元前6世纪，在爱奥尼亚和希腊，哲学、科学、艺术、诗学等方面都发生了奇迹，达到了此后2000年都未能达到的高度，与此同时，在印度，也出现了精神启蒙，这种启蒙或许再无出其右者。[1]

古埃及和古代美索不达米亚因其艺术、建筑和皇室墓葬闻名于世，它们留存下以埃及象形文字或苏美尔和巴比伦楔形文字书写的浩瀚的文献，希伯来《圣经》和古罗马文学作品中也反复提到埃及的法老及巴比伦和波斯的统治者。古希腊文明亦是如此。或许不及前两者著名，但印度的佛教思想（大致与古希腊哲学同期）和吠陀经典（成书年代约在公元前1500—前500年）中传递的早期印度教思想也广为人知。然而，公元前三千纪上半叶在印度河河谷——今天的巴基斯坦和印度——中出现的文明，却并不被太多人知晓。

　　与古埃及文明和美索不达米亚文明[1]一样，印度河文明也有其独特之处，但它在公元前 19 世纪就衰落了，也并没有在印度次大陆留下直接的遗产。无论是公元前 4 世纪从西北方向入侵印度次大陆的亚历山大大帝，还是公元前 3 世纪管辖次大陆大部分地域、弘

图 2　摩亨佐—达罗遗址航拍。它坐落在今巴基斯坦南部印度河旁，与哈拉帕并列为印度河文明的两大主要城市

[1]　为与中亚地区的"两河流域"（阿姆河—锡尔河流域）区分，本书中统一采用"美索不达米亚文明"指称底格里斯河—幼发拉底河流域的古文明。

扬佛教的孔雀王朝阿育王，都对印度河文明一无所知；更不必提接下来的 2000 年，依次来到次大陆的阿拉伯统治者、莫卧儿统治者和欧洲殖民者了。事实确实如此，尽管印度河文明如此令人惊异，但在相当长一段时间内，它都全然不被人知晓；直到 20 世纪 20 年代，几乎是"天上掉馅饼"一样，英国和印度的考古学家意外地在旁遮普地区[1]的哈拉帕发掘出了城市遗址（艺术史学家克拉克此时还是个孩子），它才为人所知。从那时起，学者们就致力于破解它的谜团，解读它艰涩难懂但颇具美感的书写系统，并以此在南亚历史与世界史中，给予这一最重大的"失落"文明应有的位置。

考古学家已经鉴别出 1000 个定居点，它们来自印度河文明的不同时期。这些定居点分布在今天的印度和巴基斯坦，覆盖了南亚次大陆 80 万平方千米的土地，面积差不多是西欧的四分之一；原始居住人口约 100 万，与古罗马鼎盛时期人口相当。这是同时代分布范围最广泛的城市文明，覆盖面积大约是古埃及文明或者美索不达米亚文明的两倍。尽管印度河文明的定居点大部分还是村落，但也存在一些城镇，且至少有五处确确实实的城市。摩亨佐—达罗和

---

[1] 旁遮普（Punjab）是波斯语"五水"的意思，五条河在此地区汇聚，故名为"五河之地"。旁遮普地区人口众多、幅员辽阔，1947 年印巴分治后，旁遮普地区一分为二，分属两国，西旁遮普地区即巴基斯坦境内旁遮普省，东巴基斯坦地区在印度境内，包括现在的旁遮普邦、哈里亚纳邦、喜马偕尔邦和德里中央直辖区。

哈拉帕是印度河文明的两座最大的城市，一者坐落于印度河畔，一者在印度河的一条主要支流旁兴建，相距约 600 千米。在印度河文明成熟期，即大约公元前 2600—前 1900 年，这两座城市可以媲美古埃及的孟斐斯（Memphis）或美索不达米亚的乌尔（Ur）。在哈拉帕的墓地中出土了人的遗骨，经过检验，差不多一半的居民活到了 35 岁左右，而且有近六分之一的人寿命超过 55 岁。不过，尽管当时的先民寿命并不短，但这两座城市的人数恐怕从未超过 5 万人。

这些城市里有用砖块修建的杰出建筑，却并没有像古埃及人或美索不达米亚人那样，以金字塔、宫殿、神庙、陵墓、雕塑、绘画或成堆的金子夸耀自己。印度河文明最宏伟的建筑就是人称"大浴池"的建筑，建于摩亨佐—达罗，是古代最早的公共蓄水池。这个"浴池"为长方形，长 12 米，宽 7 米，最深处有 2.4 米，南北两侧各有一列宽阔的楼梯引向平整的池底，楼梯上覆一层厚厚的沥青以防水。在那个时代，能有大浴池这样的技术水平可谓令人惊叹，但就考古学家目前的发现而言，大浴池并没有什么绘画或雕刻的装饰。

喜马拉雅山脉的融水形成了众多水脉，汇集成印度河上游的诸多支流；这些支流和印度河这条大河为谷物提供灌溉水源。虽然没有装饰繁缛的建筑遗存，但在其他方面，印度河文明物资产出相当丰富，且产物异常精美。例如，印度河文明的居民建造了足以远渡大洋的商船，将商品贩运至波斯湾地区和美索不达米亚平原上依

图 3 摩亨佐—达罗的大浴池（上为远景，下为近景）

河而建的城市，在后两地的历史遗址中出土了印度河流域加工生产的珠宝、砝码、有铭刻的印章，还有许多其他物品，年代大约可追溯至公元前 2500 年。美索不达米亚的楔形文字铭文中，将印度河流域地区称为"美卢哈"，但这个名称的含义至今未明。印度河文明城市中的下水道和排水系统比罗马帝国城市中的早出现 2000 年，除了"大浴池"，还有宏伟的圆形水井、精巧铺设于叠涩拱下的排水管，以及世界上最早的厕所。这些城市中，街道规划井然有序，大多沿基本方位[1]铺展，让 20 世纪的城市规划也黯然失色。印度河文明的诸多首饰中，有一些可以媲美埃及法老陵墓中的宝物，例如在美索不达米亚的乌尔城皇家墓地中，出土了一串来自印度河文明的光玉髓项链，每颗光玉髓珠都为双锥形，钻孔光滑平整，最长的一颗直径达到 13 厘米。印度河文明的标准砝码由成套的石质正方体和去掉顶部的球体组成，其二进制 / 十进制标准砝码系统在古代世界独一无二，说明印度河文明的商业相当发达。在印章石和陶制字板上，偶尔在金属器物上，雕刻着或许是象形文字的字符以及生动的动物和人物图案，印度河文明最著名的发掘者莫蒂默·惠勒（Mortimer Wheeler）热切地辩称，这些令人着迷的印度河文字构成了"一个个小型杰作，体现出有节制的现实主义风格，具有不朽的

---

[1] 即正东—正西—正南—正北。

图 4 出土自摩亨佐—达罗的印度河印章一枚，皂石制，上有一匹"独角兽"、一个仪式祭台、一些符号。印度河文明的书写体系仍有待解读

力量。一方面，这种力量与其娇小的体量完全不成正比；另一方面，正是其载体凸显了这种力量"[2]。一旦见过这些印章，人们就再也不可能将之忘却；20 世纪 20 年代以来，对印度河文字的解读超过100 种，其魅力可见一斑。这些解读有的来自声名卓著的学者，例如著名的埃及学家弗林德斯·皮特里（Flinders Petrie）；众多业余爱好者和灵机一动之人也加入解读的大军之中。

在近一个世纪的时间内，对印度河文明的考古研究已经走了相当长的一段路。尽管如此，目前仍有许多基本问题亟待解决，比古埃及和美索不达米亚（以及中国）的考古研究提出的还要多。2002年，印度河文明研究者简·麦金托什（Jane McIntosh）如此写道："未解之谜的浓重乌云……笼罩在这个文明上。"[3] 此外，尽管巴基斯坦和印度都在继续进行遗址发掘，但已发现的千余处成熟期定居点中，被发掘的只有不足 10%。许多重要线索，包括更多的铭文，肯定会在进一步的发掘中出现，这一点已经被过去二三十年的经验证明了。但是，目前对现有城市遗址的发掘已经十分深入，新的发现似乎并不能解答现存所有对印度河文明的疑问。因此，与其他聚焦于这一文明的图书一样，本书也需要将考古学提供的确凿信息与有依据的推断结合起来，以期解答这些问题。

尤为受关注的问题：有充足的证据显示，早在公元前 7000 年，俾路支省梅赫尔格尔就有村落聚落存在，那么印度河文明是否就是从邻近的俾路支原生文明发展来的？还是说，在公元前四千纪时，距离并不算远的美索不达米亚文明的扩张刺激了印度河文明的产生？如果这个文明真的是在没有宫殿、皇室陵墓、庙宇、强有力的统治者，甚至没有祭司的情况下繁荣昌盛的，那是什么样的权威统一了如此规整有序的、具有一致性的、分布如此广泛的社会？先不说次大陆后续发展起来的文明，为什么印度河文明与频繁征伐的古代美索不达米亚、埃及、中国文明完全不同，没有留下任何与战争相关的确凿证据，例如防御工事、金属武器和士兵？印度河宗教真的是印度教的源头吗？印度河印章上的图像及其展现出的行为与很久之后的印度教图像与仪轨颇有相似，如对湿婆的崇拜和种姓制度，这是否只是一厢情愿的联想？尚未破解的印度河文字（假设印度河文明只有一种书面语言）是否与现存的印度语言有关，如南印度的达罗毗荼语系语言和北印度的梵语系语言？最后，为什么印度河文明在大约公元前1900年后衰落，它又为什么没有在历史中留下任何的印记？印度河文字似乎在4000年前随着印度河文明的衰落而不可读了，直到过了漫长的1500年，印度才再次出现书写文字，但显然与印度河文字的字符没有任何相似之处：公元前3世纪阿育王的石柱上凿刻的是婆罗米语文字和佉卢文，是模仿西亚的一种拼音文字形成的。

　　许多考古学家和语言学家，欧洲的、印度和巴基斯坦的、日本的、俄罗斯的还有美国的，都尝试对这些问题做出解答。但是推测是不可避免的；因为印度河文字未留下发音，又没有充足的考古学证据，所以不可能达成共识。

　　有些观点包含或被赋予了政治立场，让事情变得更加复杂。20世纪三四十年代，印度争取从英国的统治下独立，在这一进程中，印度河文明的发现自然而然地鼓舞了印度的民族自尊心。印度河文明的第一位发掘者约翰·马歇尔（John Marshall）在1931年的论述中开启了这一思潮："印度河文明先民的宗教……带有鲜明的印度特点，甚至很难与现存的印度教区分开来。"[4] 印度民族主义领袖贾瓦哈拉尔·尼赫鲁（Jawaharlal Nehru）在成为独立后的印度的总理之前，颇为有理有据地称："摩亨佐—达罗和哈拉帕（的考古发现）让人们无时无刻不想起现存的传统和习俗——流行的宗教仪式，手工业，甚至服饰潮流——这实在令人惊讶。"[5] 然而，自此之后，特别是从 20 世纪 80 年代开始，印度的印度教民族主义者出于政治目的，罔顾考古学和语言学的证据，把推论推得太远了。他们热衷于将印度河文明归为印度文明的 "本源"（*fons et origo*），是未经外界污染的。在他们看来，印度河文明创造了书写吠陀典籍的语言——梵语；他们将梵语视作原生语言，而不像非印度学者中的主流观点那样，认为梵语其实是由公元前 4000 年起源于俄罗斯南部东欧大草原（Pontic-Caspian Steppe）的原始印欧语系语言发展来的，并随着印度—雅利安民族于公元前两千纪从中亚迁徙至印度传入次大陆。他们还认为，印度河文明创造了印度教的前身。因此，印度教民族主义者大肆宣扬，印度民族身份从未断绝，它的源头就是印度河文明，可以追溯到 5000 年以前。

20 世纪 90 年代末，应印度的新一届印度教民族主义政府之邀，某些印度历史学家意图重写印度的学校教科书。他们鼓吹一本名为《印度河文字解密》（*The Deciphered Indus Script*）的书，此书的作者为 N. 杰哈（N. Jha）和 N. S. 罗阇罗摩（N. S. Rajaram）[1]，是两个印度人，他们受到过一些语言学和科学训练。这两个人的论断令人震惊；1999 年，他们对印度媒体公布了解读的消息，并于 2000 年出版了此书。据他们说，印度河文字的历史比之前推测的还要古老，应当上溯至公元前四千纪中期，这样它理应是世界上最早的可阅读的书写符号，比美索不达米亚的楔形文字和埃及的象形文字早得多。印度河文字很明显运用了某种字母表，比出自近东的、世界上已知的最早的字母表还要早 2000 年。也许最激动人心的发现，至少对于印度人而言，是印度河铭文可能由吠陀梵语书写记录；铭文中，相当拐弯抹角地提到了一条吠陀时期非常重要的河流——娑罗室伐底河（Saraswati）（"Ila[2] 环绕着被祝福的土地"）。6 在《梨俱吠陀》中，这条河拥有崇高的地位。尽管今天人们已经看不到娑罗室伐底河的地上部分，但根据地面测量结果，这条河在印度河文明时期一定是一条主要的大河。在 20 世纪 70 年代及之后的时期，学者们在巴基斯坦境内对印巴荒漠边界地区进行了测量，根据调查和测量结果，复原了娑罗室伐底河的大部分（尽管不是全部）历史

---

[1]　依照我国现行的人名翻译方法，"Rajaram"应译为"拉贾拉姆"，但此种译法并不能反映这个名字背后的文化意涵；同时，为了突出这个人的印度教民族主义身份认同，结合相关古籍和学术著作，译为"罗阇罗摩"。

[2]　"解读"出来的河流名称，在现实中并没有这条河。

河道轨迹，这条大河的轨迹有一部分与印度河彼此独立，而非作为印度河的支流存在。在调查过程中，由穆罕默德·拉菲克·蒙兀儿（Mohammed Rafique Mughal）带队，考古学家们无意中发现了近200处印度河文明成熟期的定居点，这些定居点散布在娑罗室伐底河古河道沿岸。几乎所有定居点遗址都有待发掘，其中还包括一座城市——甘维里瓦拉（Ganweriwala）。

对于印度教民族主义者而言，更幸运的进展来自20世纪20年代的一张发掘现场照片，它展示了一个破损的印度河印章铭文。这个印章上描绘了一只动物的臀腿部分，旁边还有四个符号。杰哈和罗阇罗摩宣称，从他们发表的"经计算机优化"过的图片中可以看出，这只动物是一匹马；而且，这四个符号是可阅读的，在吠陀梵语中是"arko ha as va"[1]，他们将其译为"太阳确如马匹"。[7]这二人将另一段铭文识读为："那些贪婪的入侵者觊觎我的马匹，我的辉煌胜利曾胜于他们千倍！"[8]这则铭文在1990年出土于古吉拉特，普遍认为这可能是某种纪念碑。

但是，长期以来，几乎所有学者都认为印度河文明对"马"是陌生的，因为考古学家既没有在印度河印章上诸多的动物形象（其中包括水牛）中发现马，也没有在发掘遗址中找到马的遗骨——至

---

[1] 此处使用的是罗马音转写，并非吠陀梵语原文。

少在已经发现的遗骨中，没有任何一块骨头得到了专攻马匹辨识的动物考古学家的认同，印度河谷中发现了野驴（onager）[1]的骨头，但没有马骨。印度河文明研究界普遍认为，马是在公元前2000年中期随着印度—雅利安人的迁徙进入印度次大陆的，他们驾驶着马拉的战车；当然，在之后的历史中，印度军队从次大陆以外的地区进口马匹。然而，在吠陀文献中，马出现的次数相当频繁。毕竟，如果真的如杰哈和罗阇罗摩所称，马在印度河文明中占有重要地位，不是恰恰证明了印度河铭文的创造者和吠陀典籍的作者正是同一批，而且是出身本地的游牧族群吗？

《印度河文字解密》一书中的观点原本大概会被大多数人忽略，就像20世纪20年代以来的大部分印度河文字解读一样，无论它们的提出者是印度学者还是非印度学者。然而，因为这本书中的观点潜藏有巨大的教育和政治意涵，它吸引了来自南亚甚至全世界的广泛关注。

短短几个月内，学者们就在印度的全国性新闻媒体和杂志上发

---

[1] 在本书中，为避免因物种、地名、学术专名等的译名选择不同而导致读者对内容的理解有偏差，在部分可能引起误解或歧义的中文译名后，会在括号中标明原书所用英文单词，比如此处的"onager"，以及后文的"lentils"、"sillimanite"、"Classic Maya"等。而为了更精确地指称某一物种，原书及译文中还会在必要时给出某一物种的学名，即采用林奈创立的"二名法"为其命名的名字，为拉丁语，并按照科学出版物的通用格式，以斜体表示。另外，当涉及某种语言文字的罗马音转写时，依照原书格式，采取正体或斜体标注。

表文章，轻轻松松证明这两个作者的"成功解读"是一派胡言。这些学者中尤为著名的有：印度河文字研究领域的印度权威专家伊尔凡陀·马哈德万（Iravatham Mahadevan），来自他国的权威专家阿斯科·帕尔波拉（Asko Parpola），以及哈佛大学梵语教授迈克尔·威策尔（Michael Witzel）和他的搭档史蒂夫·法默（Steve Farmer）。马哈德万称这本书中所谓的解读"完全无效……根本不可能"[9]。威策尔和法默所作最主要的文章《哈拉帕的马戏》（*Horseplay in Harappa*）[10]，他们在文中以令普通人都能明白的不可置疑的论述证明，这本书中给出的印度河文字字母表出奇灵活，作者可以操纵这些字符产生几乎所有想要的翻译结果。而且，比对书中那张残损印章的照片和其他类似但更完整的印章的照片之后发现，所谓印度河谷的"马"其实是铭刻中常见的一种"独角牛"。所谓的马的图像其实是作者之一伪造出来的，他本人在接受印度记者的采访时也多多少少承认了这一点。此人是个工程师，出生于印度、在美国学习，有电脑绘画的经验（和对印度教民族主义政治宣传的偏爱）。

不过，尽管学者们揭露了这本书在学术上没有可信度，2002年，印度出版的新的公立学校教科书中依旧在"印度河—娑罗室伐底河文明"中介绍了"马匹小陶像"，直到2004年印度教民族主义政府倒台、新一届政府撤回这批教科书为止。更重要的是，在印度，依旧有为数众多的人支持这一观点，即梵语是印度河文明使用的语言、是本地原生的，这一观点甚至得到了部分考古学家和语言学家的支持。除非铭文上有新的重大发现、印度河文字得到令人信服的解读，否则印度河文明与后来的吠陀文明之间的真正关系就会永远是人们争论的焦点。

虽然直到 20 世纪 20 年代才被发现和认识，历史上的娑罗室伐底河的文化重要性还是毋庸置疑的。从这方面说，印度河文明，或者说"印度河—娑罗室伐底河文明"（很多考古学家更习惯于以其最初的发现地将其命名为"哈拉帕文明"）更像古代美索不达米亚文明，而非埃及文明；美索不达米亚文明在底格里斯河和幼发拉底河两条大河间发展起来，而埃及文明是尼罗河这唯一一条大河的"恩赐"。不过，印度河文明的地理环境要远比美索不达米亚和埃及复杂，这一事实对印度河文明进程产生的影响，远远超过城市的存在这种显而易见的现象。

然而，当美索不达米亚（古希腊语中的"两条河间的土地"）的城邦还被局限在两条大河灌溉的土地上时，印度河城市（或许也是城邦）已经对极广阔的地域施加了直接控制。这种控制一般通过大大小小的定居点实行，这些定居点为城市输送包括铜在内的金属、半宝石、矿产品和木材。除了印度河谷冲积平原之外，印度河文明的地理范围可以分为四个部分：西部的山区和山麓地区，北部蔓延的山脉，东部边境区域和塔尔沙漠（又名印度大沙漠），以及印度半岛区域。

印度河谷以西的部分是今天俾路支省的高地和高原，沿崎岖不平的莫克兰（Makran）海岸线分布；在今巴基斯坦与伊朗的国境线附近，发掘了一个名为苏特卡根—多尔（Sutkagen-dor）的印度河文明定居点。北部的山区位于今巴基斯坦、阿富汗、塔吉克斯坦和乌兹别克斯坦；为了获取极受欢迎的青金石，印度河文明在阿富汗和塔吉克斯坦边界上、靠近阿姆河的位置建立了一个偏远的定居点，名为肖尔特尕伊（Shortugai），此地是青金石最重要的矿产地。印度河谷以东的部分是古娑罗室伐底河流域，与塔尔沙漠毗邻，今天印度的拉贾斯坦邦以及旁遮普邦、哈里亚纳邦、古吉拉特邦的一部分都包含在内，印度河文明在这一区域建立了广泛的定居点，西北远达喜马拉雅山麓，向东则远至阿拉瓦利（Aravalli）山脉脚下；印度河城市从阿拉瓦利山脉获得皂石（用于制造印章）、铜和其他金属。印度河三角洲以东，今古吉拉特邦西部沿海地区的卡奇（Kutch）如今分布着巨大的盐碱滩，但在公元前三千纪时此处还是星罗棋布的岛屿；在今天的卡奇大沼泽地（Great Rann of Kutch）和苏拉什特拉[1]（Saurashtra）半岛，分布着很多印度河文明定居点，其中就有多拉维腊（Dholavira）和洛塔尔（Lothal），后者正是商船出发前往美索不达米亚平原的港口。但除了苏拉什特拉之外，在印

---

[1] 亦译为"索拉什特拉""扫拉什特拉"等名称，本书采用"苏拉什特拉"这一译名。

度半岛上，印度河文明的定居点逐步减少；不过印度河文明从多丘陵的古吉拉特邦东部的拉杰比卜拉（Rajpipla）的矿井中获取了大量的玛瑙和光玉髓，或许还从遥远的印度南部获取了金子。

从现在的气候条件推断，当时这片广袤土地上的气候应当十分利于农耕。现在，这片区域主要有两种不同的天气系统[1]，有时会有交叉重叠。西部高原山岳地带的气候受到冬季气旋系统主导，而在半岛地区则是夏季季风系统主导，这两种天气系统都会带来降雨。如果其中一套天气系统无法带来降水，那么另一套天气系统也总能予以弥补。因此，印度河谷从不知饥馑为何物。

传统上当地年分六季：二月底到三月是春季，四月、五月、六月是夏季，六月末至九月为雨季[2]，十月至十一月是秋季，从十一月到次年二月依次是冬季和露季（dewy season）。这就产生了两个耕作季节。考古证据显示，在冬季和露季，印度河文明的农民们种植大麦（barley）、小麦（wheat）、燕麦（oats）、兵豆（lentils，又称小扁豆）、豆子（beans）、芥末（mustard）、大枣（jujube）和亚

---

[1] 天气系统指的是大气运动的总体中，具有特定结构、天气表现和演变规律的相对独立的系统，具有典型特征；有时指气流分布的系统。各种天气系统都占有一定的空间和时间尺度，都会引起天气变化。后文的气旋系统和季风系统都是天气系统，前者在本书中指的是热带气旋，是发生在热带或副热带洋面上的低压涡旋；后者则指的是构成和维持季风气流的大气环流系统，此处特指印度夏季风系统。

[2] 英文为"rainy season"，但中文有时会称这个季节为"季风季"。

麻（linen）；在夏季和雨季，他们则种植粟（millet）、棉花（cotton）、胡麻（sesamum）[1]、瓜类植物（melons）、黄麻（jute）、大麻（hemp）、葡萄（grapes）和椰枣（dates）。尽管在南亚次大陆的某些地方，大米是原生物种，但似乎直到大约公元前 2000 年印度河文明成熟期末期，它才作为中耕作物引入印度河流域进行种植。

然而，在不同地区，六季和两个耕作季节的情况也千差万别。例如，在印度河南段、今天的信德省，靠近摩亨佐—达罗的区域，降雨量通常很少或者没有，但印度河泛滥形成的淤积土十分丰富，弥补了降雨的不足。而在北边的哈拉帕周边，即今旁遮普地区，冬季和露季来自西部高山地带的降水在春季带来了丰饶的收获和广袤的草场。至于西部高山地区本身，冬季降水形式为降雪，导致耕作季节开始得更晚，春季播种、夏季收获。

"高山、河流平原和沿海区域（这些地理环境）的并置，带来了丰富的原始生产资料，形成了季节性可支配资源的独特模式，迥异于美索不达米亚平原和埃及的情况。"乔纳森·马克·克诺耶（Jonathan Mark Kenoyer）这样说到 [11]。克诺耶是印度河文明的主要研究人员之一，参与了哈拉帕遗址近期的发掘。环境、气候、物质资料的多样性对印度河文明的繁盛而言至关重要。在古埃及，尼罗

[1]　指胡麻属植物或芝麻。

河水一年一度的泛滥带来了肥沃的腐殖土，这是当地农耕生活的唯一关键推动力，而尼罗河泛滥的结果是福是祸则取决于洪水的规模。在古埃及，为了扩大尼罗河水泛滥的范围和存蓄水源，灌溉渠就十分必要了。相比之下，印度河文明遗址中尚未发现大规模灌溉的证据。可以推测，如果印度河文明的某个区域作物歉收，其他丰收区域完全可以通过已经建立的贸易网络向这一地区输送粮食。

但 5000 年前印度河谷的气候真的与现在一样吗？在 20 世纪 20 年代的发掘后，马歇尔并不能对这个问题做出肯定回答。他在考古报告中称，摩亨佐—达罗地区的气候是"印度最糟糕的之一"，那里的气温低可至 0℃以下、高可达 50℃以上，冬天冷风刺骨，夏季尘暴多发，年均降雨量不超过 15 厘米，偶尔又会暴雨倾盆，成群的沙蝇和蚊子遮天蔽日。在他看来，"恐怕很难想象得出比今天的摩亨佐—达罗更令人心生不喜的地方了"。[12] 他还提到，公元前 4 世纪，亚历山大大帝的史学家们也报告了与今日类似的印度河流域干旱的情况。这种状况是不是在印度河文明 [衰落] 之后、[亚历山大大帝统治时期] 之前的那个千年内发展形成的呢？马歇尔注意到，摩亨佐—达罗的建造者们用的是窑烘的、因而也更坚固的砖头，而不是单纯以太阳烤干的、便宜却易碎的砖块，这也许能证明公元前三千纪前后，印度河流域的降水量比现在更多。他还提及，印度河印章上经常出现的动物形象，如老虎、犀牛和大象，它们在气候湿润、多丛林的国家比较常见，但现在并不生活在这一地区；像狮子一类更适应干燥环境的动物反而没有出现在印章中。不过，马歇尔却认为这些都不是 [当时印度河流域降水更丰富的] 决定性证据。砖窑烘干的砖头也许只能说明被发掘出来的建筑十分重要，或者是一种奢华的标志，而信德省内的老虎是在 19 世纪末期才完全消失的（可能是因为大量放牧造成老虎栖息地减少，同时还有狩猎竞赛的影响）。目前已有的几个研究尚无确定结论，对于印度河流域气候变化的观点依旧大有分歧。一项最近[1]的研究显示，公元前 2100 年前后，夏季季风突然削弱。然而，包括克诺耶在内的许多学者认为，自印度河文明时期起，印度河流域的气温、降雨量和季风模式并没有发生太大的变化。

　　印度河谷南段面临的另一个变化是对河流的人为管控和大规模灌溉水渠的建造，前者自 19 世纪末开始，主要形式是筑堤和建坝，尤以 1932 年信德省北部苏库尔（Sukkur）完工的拦河坝为最。这于农民大有裨益，但对考古学家们而言毫无助益。短短几十年，包括摩亨佐—达罗遗址（现在已不再被印度河一年一度的洪水冲刷）在内的地区被过度灌溉，土地浸透了俗称盐硝[2]的无机盐。哪怕是些微的降雨，都能将无水无机盐转化为水合形式，使大地变得白茫

---

[1]　原书于 2015 年首次出版。

[2]　即硝酸钾，又称土硝、火硝、硝石等。

茫一片，形成了"一层闪亮而易碎的外壳，一踩上去就在脚下咔嚓碎裂，好像白雪邪恶的嘲笑"，20 世纪 40 年代一位在摩亨佐—达罗工作的考古学家曾这样描述。[13] 伴随这种盐碱化进程的还有总含盐量超过 300% 的增加。含盐量增加对砖块来说是致命的，并会导致已发掘的遗迹在短短几年内化为齑粉。在哈拉帕，对遗址的损毁来自从遗址取砖块进行建设的铁路承包商和当地居民。摩亨佐—达罗和哈拉帕这两座已被遗忘的城市无疑是幸运的，印度河文明在世界上彻底湮灭之前，它们被发现了。接下来的一章就讲述印度河文明的发现史。

图 5 摩亨佐—达罗，"白雪的邪恶嘲笑"。降雪导致的盐碱化正在侵蚀砖块，并给部分印度河谷遗址的发掘带来灾难

第2章

发现

印度河文明最广为人知的讯息，也许要属它的发现。1924 年 9 月，《伦敦新闻画报》（*Illustrated London News*）刊登了一篇文章，作者署名为印度考古调查局局长约翰·马歇尔。这篇文章的开头十分引人注目：

> 考古学家们极少能够获得像海因里希·谢里曼[1][Heinrich]（Schliemann）在梯林斯和迈锡尼古城，或者奥莱尔·斯坦因[2][Aurel]（Stein）在新疆沙漠[3]中的那种机会，可以偶然间发现一个被世界遗忘已久的文明的遗迹。看上去，此时此刻，在印度河平原上，我们就站在新发现的门槛上。1

这个大发现是由诸多重要但并不为人所察的小发现累积产生

---

[1]　海因里希·谢里曼，一译海因里希·施里曼，德国传奇式的考古学家，其考古发现使《荷马史诗》中长期被认为是文艺虚构的国度——特洛伊、迈锡尼和梯林斯重现天日，震惊了考古学界。

[2]　奥莱尔·斯坦因，文献中亦有"司代诺""司坦囊"译名，原籍匈牙利，是著名的英国考古学家、艺术史家、语言学家、地理学家和探险家。他是现今多国所藏敦煌与中亚文物的主要搜集者，也是最早的研究者与公布者之一，是国际敦煌学开山鼻祖之一。他最为中国人熟悉的"丰功伟绩"就是以不光彩的手段骗取敦煌藏经洞古籍。

[3]　马歇尔原文使用的是"deserts of Turkestan"。按照当时西方学术界的理解，斯坦因四次前往中亚地区探险，但其实他最主要的发现全部集中在中国境内，尤其是新疆。

图 6 20 世纪 20 年代摩亨佐—达罗的照片，恰好拍摄于印度河文明发现之前

的，累积过程持续了一个世纪之久。体现哈拉帕的历史重要性的第一条线索来自 19 世纪 20 年代。当时，东印度公司的逃兵、后来的探险家詹姆斯·刘易斯（James Lewis）化名为查尔斯·马森（Charles Masson），骑着马在旁遮普地区游历。他在自己 1842 年的旅行记录中回忆道，在一个叫"哈里帕"（Haripah）的名不见经传的小镇附近，有一个"巨大的圆丘"，一座"破败的砖砌城堡"，一个"石头高台"上还有建筑遗存，古老的菩提树数不胜数，"它们的年龄诉说着它

们是历史悠久的古物"；马森还补充道，"传说肯定了此地层曾有一座城市"，其范围[1]达到令人难以置信的"13科斯[2]"（约等于45千米），最终"毁于统治者的奢侈和罪行"。[2]当时，古希腊人进入次大陆之前的印度历史完全是空白的，连佛陀的时代都无人知晓。马森试图把在当地发现的圆丘以及旁遮普地区的其他类似的圆丘归为亚历山大大帝攻占下的据点。但是，虽然他在遗址表层偶然发现了一些非同寻常的物品，却没有找到任何宝藏。

1853年，亚历山大·坎宁安（Alexander Cunningham），一位英军军官同时也是工程师，在旁遮普服役。他对哈拉帕进行了历史上第一次探访，拉开了日后无数探索和发掘的序幕。自1836年起，人们就开始解读阿育王石柱上的铭刻，到坎宁安造访哈拉帕前已取得了实质解读成果，人们对佛教考古的兴趣也与日俱增。坎宁安认为自己沿着玄奘法师取经的足迹，而非亚历山大东征的路径展开探索。玄奘法师在公元630年前后从中国出发，经西北印度，抵达恒河河谷中的佛陀之地，其旅程可谓不朽。玄奘法师记录了旁遮普地区一个叫作"钵伐多"或"钵伐多罗"的国家[3]，有四座塔、十二

---

[1] 原文使用"in extent"，但并未说明是周长还是直径。

[2] 科斯（"coss"或"kos"），是印度一个传统长度单位的音译，其具体长度因地区不同而有所变化。

[3] 玄奘法师在《大唐西域记》中记载的是"钵伐多国"，"钵伐多罗"可能是传抄篡误或西方汉学家的误读。

座寺庙和一千个和尚[1]，坎宁安认为这个国家就在哈拉帕[2]。不走运的是，直到他就任考古调查局局长一职第二年，即 1872 年，他才有机会在哈拉帕进行实地发掘。在调查阶段，新建的印度铁路的承包商从哈拉帕大肆抢掠砖块，打碎后用作从拉合尔到附近的木尔坦

图 7 亚历山大·坎宁安，印度考古调查局（Archaeological Survey of India）第一任局长，1871—1885 年在任

---

[1] 《大唐西域记》原文为"伽蓝十餘所，僧徒千餘人，大小二乘兼功习學。四寘堵波，無憂王之所建也"，见玄奘、辩机：《〈大唐西域记〉校注》，季羡林等校注，中华书局 1985 年版，第 933 页。"无忧王"即孔雀王朝阿育王，近代学者多将此地比定为哈拉帕。
[2] 其实坎宁安认为的"钵伐多国"在今查谟地区，而不是哈拉帕。

的铁轨的道床[1]。坎宁安再次造访哈拉帕时，一些他在 1853 年见到的大型砖墙（他认为是佛寺的遗址）就这样简单地消失不见了。

最关键的发现是一枚印章——世界上第一枚刊印的印度河印章。用坎宁安自己的话说：

> 在哈拉帕发现的最稀奇的物品是一枚印章，由陆军少校克拉克所有 [原文如此]。与它一同被发现的还有两个由深棕色碧玉制成的小物件，看上去像国际象棋里的卒子……这枚印章是一块未经抛光的圆润的黑色石头。印章上深深地刻着一头没有背瘤的牛，这头牛看向右侧，脖子下有两颗星星。牛的上方有一行铭文，由六个字母组成，我从来没有见过这种文字。它们肯定不是印度字；考虑到这头牛背上没有瘤，我认为这枚印章是域外传入印度的。3

然而，坎宁安很快就改变了主意。1877 年，他推测，这枚印章上的铭文是用公元前 5 世纪的一种古印度字体写成的，也就是说比阿育王时期的婆罗米字体和佉卢文字体要早一点。他甚至提供了一个试译。

---

[1]　即铁轨下方铺设的那层碎石子，起减震、防止铁轨位移之用。

现在我们仍不清楚，马尔科姆·乔治·克拉克（Malcolm George Clerk）这位对古希腊钱币感兴趣的军官是怎么发现这枚印章的。在告知坎宁安这枚印章的事情后，克拉克于 1892 年把这枚印章捐给了大英博物馆。1912 年，另两枚从哈拉帕发掘出的印章也被收入大英博物馆。这两枚新印章上的铭文明显使用了相同的文字，一枚上有一只"独角兽"（而不是牛），另一枚上没有动物图像。前者是一位地区军队主管发掘出来的，而后者被一个农民挖出，转手

图 8 世界上第一枚已知的印度河印章，1875 年由亚历山大·坎宁安发表，还附上了现代的线描图。此印章现藏于伦敦大英博物馆

卖给了一位督学——这位督学恰好就是一位业余古文物收藏家，这样的收藏家在当时印度的英国官员中并不少见。1912 年，这三枚神秘的哈拉帕印章被一同发表在《皇家亚洲学会期刊》（*Journal of the Royal Asiatic Society*）上。

这并不是全部。除了哈拉帕，在 1924 年之前的几十年，莫克兰的苏特卡根—多尔和拉贾斯坦的卡利班甘（Kalibangan）这样远的遗址地也出土了陶器和其他器物，其中有一些被发表在著名刊物上。但是，没有任何一位考古学家把这些零散的发现联系起来，因为这些物品的使用年代未知，而且看不出任何历史脉络。与那些印章一样，这些发现也沦为区区古玩。当时还没有人疑惑过印度文明到底有多古老：马森、坎宁安，或者坎宁安的继任者马歇尔都没有。

1902 年，在那位充满活力、受过良好教育的帝国主义思想浓厚的总督寇松勋爵（Lord Curzon）的鼓吹下，马歇尔来到印度就任调查局局长，此前他对次大陆的了解为零。那时马歇尔只有 25 岁，在克里特岛受过考古训练，是一位传统的考古学家。马歇尔一开始把地中海地区，特别是克里特岛的希腊文明作为参照，而非比对亚历山大大帝或印度佛教。但是，他很快就完全投身于发展印度的考古事业，并不介意他所在的部门经费有多么拮据。

在阿斯科·帕尔波拉看来，1912 年出版的关于大英博物馆所藏三枚印章的学术文章引起了马歇尔的注意，并且“在印度河文明的发现中起到了关键性作用"[4]。但是，这或许还不足以让马歇尔立即把哈拉帕的发掘提上日程。1912 年，在他的一个助手购得另两枚印章后，马歇尔有先见之明地写道："未来，哈拉帕遗址的发掘一定会产生最有价值的成果，并打开印度历史上崭新的篇章。"[5] 1915—1916 年，他授权对哈拉帕进行实验性发掘，但很快被第一次世界大战和印度战后掀起的民族独立运动浪潮所阻碍。马歇尔的助手最终在 1921—1922 年对哈拉帕进行了实验性发掘，并于 1922—1923 年和 1923—1924 年两次对摩亨佐—达罗进行实验性发掘，其结果果真如马歇尔预期的那样辉煌。

在哈拉帕，达亚·拉姆·萨赫尼（Daya Ram Sahni）向两个圆丘内挖掘了三条浅沟。尽管暴露出的建筑结构很少，但出土了尺寸少见的熟烧砖以及大量有趣的人工制品，例如陶器、小雕像、球、手镯和坩埚，以及两枚保存完好的印章。萨赫尼颇有信心地向马歇尔报告称，这些印章上的文字与大英博物馆印章上的字体"属于同一种尚无人知的婆罗米字体"[6]。而后者立即纠正他："据我所知，婆罗米字体和哈拉帕印章上的文字没有任何关系。"[7] 即便如此，马歇尔还是在他向考古调查局递交的年度报告中，表现出对哈拉帕考古发掘的极大兴趣，因为萨赫尼的发掘仅仅触及了土丘的浅表层："还有 50 英尺[1]深的遗迹亟待发掘，而且很明显，对更低地层的发

---

[1] 约合 15.2 米。

掘很有可能带来极有价值的发现。"[8]

在当地语言信德语中，摩亨佐—达罗是"逝者之丘"[1]的意思。拉赫达斯·班纳吉（Rakhal Das Banerji）第一个意识到，这个当时还默默无闻的遗址年代颇为久远。在他之前，调查局的另一位考古学家提婆达多·罗摩克里希纳·班达卡（Devadatta Ramakrishna Bhandarkar）也去过摩亨佐—达罗。班达卡之前在信德的其他地方发现了佛塔遗址；1911 年，他前往主圆丘，希望能发现类似的宏伟佛塔。但难以解释的是，班达卡未能认出圆丘上已损毁的佛塔，并且根据砖块的大小和形状断言，这个遗址可能只有 200 年的历史，从而导致马歇尔完全没有意识到摩亨佐—达罗的潜在意义。不过班纳吉很快就辨认出塔内柱基的圆鼓石，并着手发掘佛塔的基座。更重要的是，在佛塔基座下方的沟渠内，他发现了三枚印章，这是哈拉帕以外首次出土此类印章。1923 年初，班纳吉详细地告知马歇尔："他们与坎宁安的哈拉帕印章如出一辙。"[9]（他那时候还不知道萨赫尼也发现了印章。）

1923—1924 年对摩亨佐—达罗的新一轮发掘中，另一位考古学家马多·萨鲁普·瓦茨（Madho Sarup Vats）在另一个土丘内又发现了七枚印章。这些印章与哈拉帕出土的印章也很相似。在 1924 年 4 月写给马歇尔的信中，瓦茨有预见性地指出了摩亨佐—达罗和

---

[1] 国内有时译为"死丘""死亡之丘"。

图 9 时任印度考古调查局局长的约翰·马歇尔与妻子、调查局官员和职员于 1925 年的合影，拍摄于他开始发掘摩亨佐—达罗遗址后不久

哈拉帕考古发掘中的其他相似之处：

　　建立摩亨佐—达罗与哈拉帕之间的文化关联性，认为它们处于同一文化影响圈内，是颇有根据的。我们可以发现，两地建筑砖块尺寸相同——即 11 英寸 $\times 5\frac{1}{2}$ 英寸 $\times$ ($2\frac{1}{2}$ 至 $2\frac{3}{4}$) 英寸[1]；两地出土的所谓印章间也有紧密联系，后者是目前最有效、最有价值的联系；另外，还发现

[1] 约合 28 厘米 $\times$ 14 厘米 $\times$ (6.4—7) 厘米。

了粗糙而夸张的小陶像、陶制手镯、投石器配套的球状物，它们本质上都有亲缘关系。考古发现中不断出现的证据表明，这个遗址可能是前孔雀王朝时期的［即在阿育王的孔雀王朝前就已出现］，但目前没有出土可断代的文物，也没有进行更深入、更进一步的发掘，要确定遗址断代，甚至只是给出一个大致时期，也是很困难的。[10]

6月，在距离遗址相当远的西姆拉，马歇尔于考古调查局总部召开了一次特别会议，他和萨赫尼、班纳吉一同对两地出土的印章、砖头和其他物品进行了实物比对，包括彩绘陶器、素面陶器、燧石刀及燧石片、石制珠子等。三位考古学家很快得出结论，哈拉帕和摩亨佐—达罗遗址肯定属于同一文化或文明。数年后，马歇尔写道："摩亨佐—达罗和哈拉帕所属文明具有高度同一性，这是两地考古发掘证明的最震撼的事实之一。尽管这两个地方相距400英里[1]，但它们的纪念碑和文物间实质上非常相似。"[11] 在西姆拉的会议之后，马歇尔着手为《伦敦新闻画报》写稿。三个月后，那篇文章向世界宣告了这一激动人心的发现，文中也对萨赫尼和班纳吉的工作给予了应有的肯定。

---

[1] 约合 644 千米。

奇怪的是，班纳吉认为这个新发现的文明与克里特的史前文明有某种遥远的联系，而克里特正是马歇尔开始考古工作的地方。但是，尽管没有任何确凿证据，而且当时对印度历史的殖民主义研究也热衷于将印度的一切高等文明归功于西方的影响，马歇尔本人却从一开始就认定，这个文明是印度河谷及其周边地区原生的独立文明。在 1924 年那篇文章的结尾，马歇尔大胆得出结论：

> 这个被遗忘的文明，这个通过哈拉帕和摩亨佐—达罗的考古发掘让我们初窥其光辉的文明，在印度河谷地区独立发展起来，如同尼罗河孕育的法老们的文明一样……在人类发展的早期，尼罗河、多瑙河、底格里斯河与幼发拉底河所起的作用已广为人知，但印度河和恒河哺育了何种文明却仍待发现。对于印度河流域而言，后续的外来移民在推动本地文化发展上起到了积极作用，就像美索不达米亚和埃及发生的一样；但是，要说这个地区的文明完全是舶来品，或者此地文明受到了外来文明的极深刻的改造，绝对是无稽之谈。[12]

马歇尔不太确定的是这个文明的年代。一开始，他觉得这个文明应该比恒河河谷文明和佛教文明早几个世纪，不会早于公元前

1000 年。但是，在他发表这个推断后数周，他接到了美索不达米亚文明考古学家的反馈，便迅速改变了主意。反馈中指出，美索不达米亚出土的产生于公元前 3000 年早期的印章，与哈拉帕和摩亨佐—达罗新出土的印章很相似。那么很明显，新发现的文明要么是同时期的，要么还要更早。以此为时间参照，马歇尔认为，印度河城市的繁盛期大致开始于公元前 3250—前 2750 年。我们之后会看到，通过对美索不达米亚和印度河谷出土文物进行放射性碳定年，马歇尔的断代也受到了大幅修改。

美索不达文明专家的意见也影响了马歇尔对这个文明最初的命名。他相信这个文明受到了美索不达米亚平原苏美尔文明的强烈影响，因此一开始将其定名为"印度—苏美尔文明"，而不是"印度河文明"。但是，1925—1926 年，在他亲自主持的唯一一次考古发掘中，发现了令人惊叹的"大浴池"，1927 年又出土了一个造型精美的神秘小雕像，被称为"祭司王"[1]，由此，马歇尔最终将其定名为"印度河文明"，因为"印度—苏美尔文明"这个名字"显示出的此文明与苏美尔文明的关系，比实际情况近得多"[13]。1931 年出版的《摩亨佐—达罗与印度河文明》一书中，马歇尔通篇都使用了

---

[1] 英文使用的术语为"priest-king"，指的是两河流域那种同时有祭司和国王双重身份、集神权和君权于一身的统治者，但国内通常将这个半身像直接称为"大祭司"。为贴合行文逻辑，本书中一律采取"祭司王"的译法。

图 10 1927 年，摩亨佐—达罗出土 "祭
司王" 半身像（雕像细节可见图 1、图
38）

"印度河文明" 这个术语。

　　美索不达米亚文明对印度河文明的影响一直有争议。在过去
几十年里，有些苏美尔学家甚至宣称，美索不达米亚人在公元前
四千纪直接征服了印度河谷，与此同时，许多印度学者争论称，
印度河文明是在与外界隔离的前提下、完全自发产生于印度河谷
内的。在两极化的观点中间，还有很多学者认为，印度河谷与
波斯湾/美索不达米亚地区确实有海上商贸往来，这才是问题的
关键。例如，帕尔波拉认为，正是日益增长的海上贸易 "刺激了

全面城市化并导致印度河文明产生"[14]。但迪利普·恰克拉巴蒂（Dilip Chakrabarti）称，印度河谷与美索不达米亚地区间的贸易增长是在印度河文明产生后才发生的，并不是伴随印度河文明出现而发生，"因此，从任何角度来说，在印度河文明从早期到成熟（城市）期，都不能说[贸易的增长]催化了文明的转变"[15]。或许汉斯·尼森（Hans Nissen）所持的谨慎态度是最明智的，虽然可能不那么让人满意：

> 很难想象[美索不达米亚文明]没有对[印度河文明]的构成产生影响，特别是我们已经掌握了两地联系的确凿证据。但即便如此，并没有确凿证据能够证明，印度河文明的某项突出特征，比如印章、陶器、建筑形式甚至文字，有什么西方的原型体。目前我们掌握的材料无法给这个问题下定论,[还必须]结合阿曼发现的印度河文明的新证据，位于印度河与幼发拉底河之间区域的国家接下来的考古研究也是我们必须仰赖的。[16]

1924年马歇尔宣布印度河文明的发现后，联系他的人中有一位曾参军的考古学家欧内斯特·麦凯（Ernest Mackay），他当时正代表芝加哥的菲尔德博物馆[1]发掘苏美尔城市基什（Kish）。麦凯最初跟随皮特里在埃及进行考古，第一次世界大战期间加入英国军队，在巴勒斯坦服役，之后成为巴勒斯坦政府的文物监理员（Custodian of Antiquities）。忙得焦头烂额的马歇尔一意识到麦凯对印度河文明有兴趣，就邀请后者接手自己的发掘。1926—1931 年，除了萨赫尼提供过一些帮助外，麦凯自己主持了五轮工作，在摩亨佐—达罗进行了广泛的发掘。他使摩亨佐—达罗的道路规划重见天日，让今日到访此地的人们感觉自己是在一座古代城市中穿行。与此同时，瓦茨在哈拉帕开展了八轮发掘工作，一直到 1933—1934 年才结束；他发现了墓地的遗址，还有一座复杂的建筑，马歇尔基于自己在克里特的工作经验坚持说是谷仓，尽管里面并没有谷物遗存（与梅赫尔格尔正相反）。此时，摩亨佐—达罗和哈拉帕的发掘工作因为资金削减，不得不停止。1931 年，麦凯进行最后一轮工作，想要发掘"大浴池"所在土丘的东北方的剩余部分，但开工仅三天后，就接到考古调查局的电报，要求他的团队停止工作。在 20 世纪 30 年代的"大萧条"期间，小规模发掘可能还在继续，但摩亨佐—达罗和哈拉帕的大规模田野工作已经暂时告一段落。

　　1944 年，莫蒂默·惠勒被任命为考古调查局局长，印度河考

---

[1]　菲尔德博物馆，全称菲尔德自然历史博物馆（the Field Museum of Natural History），位于美国伊利诺伊州芝加哥市。

古再掀高潮。在四年任期内，惠勒在哈拉帕和摩亨佐—达罗都进行了发掘，使用了比马歇尔更先进的方法，以自然文化分层为依据而不采用马歇尔的人为分层，并且进行连续的地层学记录。但是惠勒从未就自己的发掘工作发表完整的报告，只是在 1953 年出版了名为《印度河文明》(*The Indus Civilization*) 的相当简要的报告，随后进行更新。他对印度河文明的论述，建立在他于第一次世界大战和第二次世界大战期间的个人军事经历基础上，并处处显露着在英国时所受长期罗马考古学训练的影响。1950 年，惠勒的合作者斯图尔特·皮戈特 (Stuart Piggott，曾在印度的军事情报部门任职) 出版了关于印度河文明的《印度：从史前到公元前 1000 年》一书；在书中他直言不讳地指出：

> 对于一个英国考古学家来说，无可避免地要去类比自己国家土地上曾存在的、建立在史前铁器时代未开化定居点上的罗马帝国……哈拉帕文明特征统一的产品可能源自某种中央集权政府体系下高度组织化社群的单一规则……哈拉帕文明体现出的可怕效率让人联想起罗马帝国最糟糕的部分。……一个人可以违心地去称赞无情的独裁主义统治的结果，就像他称赞罗马军队在行省进行的土木工程一样，而且同样毫无真心。[17]

图 11 莫蒂默·惠勒，1944—1948
年任印度考古调查局局长，印度河文
明最著名的发掘者

　　对于"没有证据证明印度河文明发生暴力冲突和战争"的状况，
惠勒并不接受，而是对支持战争曾发生过的证据进行重新解读；他
认为文明不可避免地伴随着战争。例如，1944 年他在哈拉帕见到主
圆丘时，一眼就将其认定为保护城市免遭进攻的"堡垒"。刮去土
丘表面浮土、露出砖线后，他感觉自己的预感得到了验证。在自传
中，他骄傲地宣称："几分钟的观察就彻底改变了印度河文明的社
会特征，使其宗旨回归于可接受的、世俗性的社会宗旨。印度河文
明资产阶级的自鸣得意已经烟消云散……取而代之的是彻头彻尾的
穷兵黩武的帝国主义，在遗迹中露出它丑陋的真面目。"[18] 在摩亨
佐—达罗，惠勒认定，城市最晚期部分的街面上，散落着的几具未

掩埋的尸体属于雅利安人大屠杀的受害者，雅利安人在公元前两千纪入侵正在衰退的印度和城市。"有旁证证明，[吠陀战神] 因陀罗是被指控的"，惠勒这一著名的论断出现在他 1946 年的考古发掘报告中。[19] 惠勒这两个引人注目的观点，以及他的其他看法，一直很有影响力，直到 20 世纪八九十年代最终被现在的考古学家们推翻。

考古学家格雷戈里·波赛尔（Gregory Possehl）曾于 2003 年这样评价道："惠勒—皮戈特范式颠覆了马歇尔的观点。在马歇尔看来，哈拉帕人是朴素、和平甚至可能有些无聊的商人市民，他们的信仰后来发展为印度诸多意识形态；但在惠勒—皮戈特体系中，他们是祭司王专横统治的受害者，这些君王对散布在广阔区域内的堡垒行使绝对权力，通过这些要塞维护他们自己和为自己权威辩护的神灵。"[20]

惠勒在考古调查局局长任期内，恰逢 1947 年印巴分治，新的国境线从印度河文明东部地区穿过。分治带来的积极影响在于，受此激励，印度的考古学家们纷纷在印度境内寻找新的印度河文明遗址，例如古吉拉特（1954 年发现洛塔尔遗址，1967 年发现多拉维腊遗址）和恒河—阎牟那河东北地区（1958 年发现阿拉姆吉普尔[1]遗址，1975 年发现帕格万普尔[2]遗址）。1947 年，仅有 37 个印度

---

[1]　即 Alamgirpur。
[2]　即 Bhagwanpura。

河文明遗址为人所知，今天这个数字已经超过了 1000，而且遗址分布在一个相当广阔的区域内，印度和巴基斯坦都有。不那么好的影响则是，"巴基斯坦和印度分治为现代国家，同时也分割了学者群体，阻碍了两国在研究项目上的合作"，丽塔·赖特（Rita Wright）在她最近的印度河文明研究报告中这样写到。[21] 比如，巴印双方各自独立地调查研究流经古娑罗室伐底河河道的河流，巴基斯坦研究哈克拉（Hakra）河而印度研究克格尔（Ghaggar）河[1]，到现在还没有达成明确的学术关联。更重要的是，至今为止，学者们仍未对印度河文明诸多分期的术语和年表达成共识，特别是印度河文明从早期到成熟期（城市文明）的转型，以及其衰落的过程。不过，对于印度河文明的衰落而言，还有一个原因导致了共识的缺乏：目前学术界普遍认为，印度河文明整体的发展，并不像马歇尔、惠勒和其他学者一开始认为的那么统一一致，毕竟他们当年只对哈拉帕和摩亨佐—达罗这两个主要城市进行了发掘。举例而言，1982—1995 年，在苏拉什特拉的罗吉迪（Rojdi）遗址进行的考古发现显示，当位于文明中心区域的哈拉帕和摩亨佐—达罗开始衰落时，在文明更外围一些的区域，如古吉拉特还有东部地区，并没有同步发生衰落，这些地方在印度河文明晚期反而更为繁荣。

---

[1]　克格尔—哈克拉河是一条跨印巴国境的间歇河，只在季风季节（雨季）降水充沛时出现，在巴基斯坦被称为哈克拉河，在印度被称为克格尔河。

在文明的断代问题上，答案相对清楚一些，学者们达成了共识，这主要归功于 1949 年在美国被发明出来的放射性碳定年法。20 世纪 50 年代末，印度就已经有一所放射性碳实验室了，一开始建在孟买，后来转移到了艾哈迈达巴德。1964—1965 年，摩亨佐—达罗接受了最后一次获得准许的考古发掘（因为盐碱化对遗址破坏太大）。那时，乔治·戴尔斯（George Dales）为放射性碳定年收集了第一批样本，但因为最早期的几个地层在水平面以下，他没能取样。自此，这项技术应用于所有能提供合适的待检有机物样本的印度河遗址考古发掘中。经过放射性碳检测断代，再结合改进后的美索不达米亚文明年表，"基本可以认为，印度河文明的核心城市大约在公元前 2400 年以前建成，并以某种形式一直存续到公元前18 世纪"，惠勒在 1968 年版的著作中这样写道。[22] 今天，学者们基本达成一致，认为印度河文明成熟期是从公元前 2600 年到公元前1900 年。

1947 年以来发掘出的最重要的遗址当属俾路支省的梅赫尔格尔，因为它告诉人们，印度河文明的源头可能有多么古老。这个遗址位于印度河谷西边的波伦山口（Bolan Pass）附近，在摩亨佐—达罗以北不足 200 千米处。在 1931 年对摩亨佐—达罗的考古报告中，马歇尔以他具有极强洞察力的直觉这样陈述道："几乎可以肯定的是，现在已经展露在世人面前的故事，一定可以在其他遗址中找到更为久远的前情，就在信德省和俾路支省无数亟待发掘的遗址中。"[23] 马歇尔已经见证，斯坦因正是在受到摩亨佐—达罗最早的考古发现的启发后，于 1927—1928 年在俾路支省南部莫克兰的沙漠中发现了大量史前遗址。但惠勒正相反，他把俾路支省看成某种文化"死水潭"，与印度河谷截然断裂，"两个文化圈间没有任何关联"，考古学家让·弗朗索瓦·雅里热（Jean-François Jarrige）这样描述惠勒的观点，"[在惠勒看来，] 出现摩亨佐—达罗和哈拉帕这样的城市，应当是一种自然发展出来的现象"。[24]

从公元前 7000 年起，在之后的 4500 年中，梅赫尔格尔一直有人定居，而且目前仍是巴基斯坦和印度境内唯一一处历史如此悠久的农耕区。此地居民住在阳光晒干的砖头建成的房屋内，在谷仓中存储粮食，冶铜以制造工具，在篮子上涂沥青封口，佩戴青金石饰品，并且热爱骨头、象牙、石头和陶制的印章（虽然没有证据表明有文字）。他们还制造出引人注目的美丽的丰乳女性小陶像，利用陶窑烧出的陶器上绘有旋涡状的鱼或其他动物的纹饰。但是，最引人注目的是此地培育作物、驯化牲畜的时间格外早。农业是梅赫尔格尔自发产生的，还是从近东地区扩散过来的呢？目前的观点是二者兼有。例如，随着梅赫尔格尔的考古记录中瘤牛的踪迹越来越多，它们的体型反而越来越小，动物考古学家理查德·梅多（Richard Meadow）认为，这一趋势正是伴随本地驯化出现的。而另一方面，梅赫尔格尔发现的小麦和大麦的种植，早在 2 万年前就在近东地区有记录了。

梅赫尔格尔似乎在公元前 2600 年后荒废，大约就是印度河城市形成的时间。这引起人们的疑惑，即这里的居民是否在城市形成中起了某种作用。这个问题显然难以回答，但大部分考古学家都认同雅里热的判断：成熟期印度河城市文明和梅赫尔格尔的文明间，以及其他早期印度河定居点间（例如附近的瑙舍罗，距离比较远的阿姆利、果德迪吉，还有哈拉帕），存在着太多"直接的相似之处"，让人忍不住相信，在公元前三千纪早期，这些文化"在一个广阔的地理范围内，与一个相当同质的物质文明结合在一起"。[25]

公元前三千纪中期，城市文化是如何转化形成的，这是个极

图 12 梅赫尔格尔出土的浅陶碗（约公元前 2800—前 2600 年），内壁是旋涡鱼母题纹饰。这种风格被归为"费兹·穆罕默德（Faiz Mohammad）灰陶"

具争议的问题。始自 1947 年对印度河早期遗址的发掘显示，遗址中有五分之三是被荒废的。有一些遗址很明显被火焚毁，特别是阿姆利（Amri）、古姆拉（Gumla）、果德迪吉（Kot Diji）和瑙舍罗（Nausharo），然后又再次被作为定居点。一些学者认为（以惠勒为首），战争是导致定居点被焚烧的元凶，但是灰烬层内并没有发现任何武器，也没有发现横死的尸骨。有一部分学者提出，这些火是当地居民自己放的，可能是为重建举行的某种宗教净化仪式，目的是清理这个地方，这样新的定居点可以进行有序规划和建设。

　　无论正确的是哪一种解释，在哈拉帕和摩亨佐—达罗都没有发现焚烧的证据。20 世纪 80 年代及其后，由美国人牵头的"哈拉帕考古研究项目"（Harappa Archaeological Research Project）对哈拉帕遗址进行持续研究，在摩亨佐—达罗，则是由来自德国亚琛技术大学（Technical University of Aachen）和罗马意大利中东及远东研究所（Italian Institute for the Middle and Far East，ISMEO）的建筑学家、考古学家、地质学家组成了德—意联合团队进行研究。他们的研究表明，哈拉帕和摩亨佐—达罗的地基从根本而言就是不一样的。哈拉帕无疑历史悠久，在成熟期之前就出现了；这个城市是由小聚落有机地发展起来的，其历史最早可能追溯到公元前 3500 年。但是，摩亨佐—达罗坐落在人工搭筑的平台上，建成时间更晚，而且几乎是一下子从无到有建立起来的。人工搭筑的平台可能是为了防止印度河泛滥的洪水侵害城市："人造平台长 400 米，宽 200 米，平台的大部分从建成起沉入冲积淤泥中 7 米深"，金特·乌尔班（Günter Urban）写道。[26]

对哈拉帕的发掘一直持续到现在，但遗憾的是，对摩亨佐—达罗更深层遗址的发掘已不可能，一方面是因为当地高高的地下咸水水位，另一方面是因为巴基斯坦政府在联合国教科文组织的建议下禁止一切对此遗址的发掘，后者自 1974 年起对遗址进行国际性的抢救工作。对摩亨佐—达罗的现代研究项目主要由两部分构成，一是利用此前未发表的 20 世纪 20 年代的考古报告，重新对遗址进行详细的检查，以期发现可能被原发掘者忽略的规律；二是利用基本而言非侵入性的调查方法对遗迹进行研究。

于是，相机搭载着无人热气球对遗址进行航拍，并与之前的发掘中航拍的照片进行比较。特殊设计的"吸尘器"清理掉遗址表层松散的残骸，露出下层被掩埋的人造物。土层钻探已经深入地下 18 米，取出的土芯样本用来建立和分析占用年代、活动类型和环境数据。"举例来说，家庭垃圾一般是发灰的褐色，说明被火烧过"，赖特写道，而"浅棕色区域和灰色区域，特别是如果混有碎骨头和碎陶片，说明只是平常的家庭垃圾倾倒"。[27] 经烧制的黏土在冷却过程中被磁化，因此磁力计作为钻探的替代手段，用于检测地面下烧制黏土的沉积物，由此找到被掩埋的陶窑和烧制砖。测量导电性的仪器通过检测土壤电阻区分其种类，并在上城区和下城区发现了两块长 7 米、宽 6 米、深 6 米的平台，高电阻由泥砖砌成，从外表根本看不出来。就连分隔上下城区的被掩埋的空街道，都被检测出来了。

另外，学者能看到的印度河字符的数量从 1947 年以来一直在增长。新的发现不仅来自新的印度河遗址的发掘，例如 1990 年在多拉维腊发现的疑似"签字板"；还来自对印度和巴基斯坦博物馆馆藏的探索——从 20 世纪 30 年代开始，数以百计的印章和铭文就被遗忘在博物馆里无人知晓。在联合国教科文组织的赞助下，帕尔波拉这位不知疲倦的学者和他的合作者们一起，出版了三卷本的《印度河印章与铭文语料库》(*Corpus of Indus Seals and Inscriptions*)，分别是 1987 年出版的《印度的收藏》、1991 年的《巴基斯坦的藏品》和 2010 年的《摩亨佐—达罗与哈拉帕补遗》，用新的、高质量的图片替换了发掘时拍摄的原始照片。最终，对所有可能的解读者来说，基本上所有已知的印度河铭文都触手可及。

第3章

建筑

哈拉帕和摩亨佐—达罗发现近一个世纪后，人们发现，尽管它们很重要，但这两个遗址明显不能定义印度河文明。自20世纪40年代起，数百个印度河定居点被发现或被发掘，它们在年代、大小和复杂度上差别极大。现代行政区划中，一个大国可能有首都、省会、城镇、乡村这样的等级序列，但没有学者能找到合理的印度河定居点等级序列。

哈拉帕是唯一一个考古时期横跨早期（公元前3500年前后）、成熟期（公元前2600—前1900年）和晚期（公元前1900—前1700年）文明衰退时期的遗址。摩亨佐—达罗是五个城市中最大的一个，占地面积250公顷；哈拉帕第二，占地150公顷；之后是古吉拉特邦的多拉维腊，占地100公顷，以及哈里亚纳邦的拉基格里（Rakhigarhi），占地80公顷；最后是巴基斯坦旁遮普省的甘维里瓦拉，尚未发掘，但预计面积在80公顷左右。但是，印巴两国许多产生了重要考古发现的遗址却比这五个小得多，比如卡利班甘（11.5公顷）、洛塔尔（4.8公顷）、苏特卡根—多尔（4.5公顷）和小小的阿拉迪努（Allahdino）（1.4公顷）。城市中有最多的建筑物，这并不令人惊讶；建筑物的种类从拥有围墙和大门的"城堡"，到摩亨佐—达罗的"大浴池"，再到街道和街道旁排布的有水井、浴室和下水道的普通房屋，多种多样。但即便是小一些的遗址，也往往能发现值得注意的建筑：在卡利班甘和苏特卡根—多尔各发现了一座"城堡";沿海的洛塔尔有一个以砖块围成的矩形水池,有考古学家认为这是个造船厂;阿拉迪努没有防卫建筑,但却拥有一间房屋,里面出人意料地有三口直径在 60—90 厘米的水井。阿拉迪努还出土了一个珠宝储藏罐,可以与哈拉帕和摩亨佐—达罗的媲美;整个印度河地区发现的大型储藏罐一共只有五个,其中之一就是阿拉迪努的这个。

这些定居点看上去大多有像摩亨佐—达罗一样的防洪平台,哪怕在一些小型定居点,比如卡利班甘和洛塔尔,也有所发现。这种平台由泥砖砌成,靠着一面由烧制砖砌成的墙,需要大量的人工和时间才能建造起来。如果我们采用波赛尔的估算,即以一个劳动力一天搬运约 1 立方米的土为一个基本单位,那么摩亨佐—达罗的防洪平台需要 400 万个基本单位才能建成。即便是拥有一万名实实在在的劳动力,也需要 400 天,就是一年多的时间;如果只有 2500 名劳动力,那就要差不多四年半。印度河文明中没有出现与埃及法老一样的权威,那么是什么驱动了这些劳动力进行劳作呢?马歇尔在1931 年的考古报告中称(虽然那时候他还不知道防洪平台的存在,因为平台直到 1964 年才由戴尔斯发现):"如果这些遗址中体现了什么清楚明白、确凿无疑的信息,那就是这里的人们肯定生活在对洪水永恒的恐惧中。"[1]

制造这些平台和建筑物的砖块数量惊人,它们肯定是在本地生产的。奇怪的是，目前为止，考古学家还没有发现任何与印度河城市有关联的制砖遗址。据推测，砖块可能在郊区或乡村生产制造，就像现代的制砖业一样，因为砖窑工作会带来高温、排放有毒物质。

无论是泥砖，还是公元前 2600 年首次用在建筑上的烧制砖，它们的制作工艺水平都很高。马歇尔记述，"摩亨佐—达罗遗址的墙壁中，很少能看到次品砖"[2]。但他对砖块的外表并不买账："没有一块砖经过脱模、削凿或塑形，让人看不出来任何建筑设计上的用意"——只有城市里精心修建的圆形水井所用的楔形砖块除外。[3]遗址中没有发现圆形的砖砌柱。

早些时候，瓦茨以英寸为单位给出了砖块的比例：房屋用砖大小为 7 厘米 ×14 厘米 ×28 厘米，城市外墙用的砖尺寸更大一些，为 10 厘米 ×20 厘米 ×40 厘米。[1] 这两种砖块高、宽、长的比例都是 1∶2∶4。

砖块尺寸上的统一，是不是源自国家法令或国内通行建筑规范呢？可能不是的，因为虽然梅赫尔格尔的砖块并没有采取这种比例，但这一比例确实在印度河文明成熟期之前就存在了。最有可能的情况是，这个特定的尺寸比例是砖石匠人为了建造建筑结构更结实、转角连接更牢固的城墙，在实践中摸索出来的。克诺耶评论称：

---

[1] 原书作者在此处直接将英寸换算为了厘米。

"学者们一开始认为，砖块大小上的一致性体现出一个强有力的中央政府的存在，但这可能只是一个对尺寸和比例的认知结果，这些认知由建筑工人们一代代传下去，并随着专业工匠的迁徙逐渐传播到遥远的群体中去。"[4] 但是 1∶2∶4 这个比例的意义或许远远超过习俗和实践。在房屋中房间的尺寸上，在屋子的规划上，在大型公共建筑上，甚至在摩亨佐—达罗的"堡垒"圆丘的整体规划上，都采用了这个比例。在马歇尔看来，广泛使用这个比例带来的结果是死气沉沉的。他在《摩亨佐—达罗》中关于城市建筑的一章的开头写道：

> 任何一个第一次穿行于摩亨佐—达罗的人都可能觉得，自己身处的遗址是现在兰开夏郡工业城镇的遗址。这种感觉来自周围绵延不绝的裸露的红砖结构，上面没有任何装饰，从任何角度来说都体现了赤裸裸的实用主义。[5]

建筑材料和比例上的一致性使早期的发掘者相信，摩亨佐—达罗和哈拉帕的街道规划是网格状或棋盘状的，这种规律出现在古城市中让人大为吃惊。对于主要街道来说，这并没有错，特别是摩亨佐—达罗的下城区，但从细节上看，结果更为复杂。事实上，小一些的街巷并不是笔直的，通常曲折前行，房屋外墙也随着道路以不

图 13 摩亨佐—达罗遗址上建有一座古老的佛教窣堵波

图 14 "第一大道"，摩亨佐—达罗

同的角度重建，但街区大路的每一个部分都是笔直的。另外，城市外墙大多是弧形的。

　　但是，尽管有这些不规则之处，这些城市看上去是有意按照指南针的四个主方向规划的。帕尔波拉和其他一些学者已经论证，人们可能通过观察特定星星和星座的起落点，确定基本方向。举例来说，昴星团（Pleiades）又称"七姐妹星团"，落在金牛座内，在吠陀历、阿拉伯历和中国阴历中都十分关键，也出现在美索不达米亚的历法文本中；天文学家推测，公元前 2240 年左右，金牛座恰好在春分点升起。对这一现象的肉眼观测在公元前 2720—前 1760 年内都是准确的，这也与印度河城市的成熟期正相合。[1] 印度河文明的建筑者们可以通过昴星团建立起正东—正西方向线，并在此基础上规划地基。实际上，这个方法就清楚地记载在一部成书于约公元前 700 年的吠陀文献上。

　　有十三座印度河城市遗址中发现了有围墙的"堡垒"：阿拉迪努，巴纳瓦里（Banawali），强胡—达罗（Chanhu-daro），多拉维腊，哈拉帕，卡利班甘，果德迪吉，洛塔尔，摩亨佐—达罗，瑙舍罗，拉基格里，苏尔科塔达（Surkotada）和苏特卡根—多尔。在一些地

---

[1]　昴星团是夜空中相对明亮的星团，无论是傍晚还是黎明，都很容易被观测到，因此肉眼观测昴星团（或其落入的金牛座）是可行的。根据推算，公元前 2720—前 1760 年，春季第一个星座是金牛座，而不是现在的白羊座；春分日当天，金牛座的起落点就分别是正东方和正西方，可以用来校准方向。

方，比如哈拉帕和摩亨佐—达罗，"堡垒"建在一个圆土丘上；在其他地方，比如多拉维腊和洛塔尔，"堡垒"下并没有圆土堆，只是比定居点其他部分稍稍高出来一些，有墙壁将其与其他部分分割开来。"堡垒"从不会出现在定居点的中心位置：在哈拉帕和摩亨佐—达罗，它位于西部；在多拉维腊，它位于南部；在洛塔尔，它位于东南部。在所有遗址中，都无法明确解读出"堡垒"的用途。

如前所述，惠勒长期浸淫于英国境内罗马要塞和城堡，因此他立即将哈拉帕和摩亨佐—达罗两地的圆丘视作防御性堡垒的遗存。他在自传中这样描绘哈拉帕："这个城市远非无武装的和平圣地；相反，高耸的人造卫城的塔楼和城垛才是它的核心，带有非常明显的封建性质。"对于摩亨佐—达罗，他写道："与哈拉帕同样的现象立即出现在眼前：一个有差不多大小、方位和相对位置的卫城的遗址，同样遭受洪水侵袭，建成它峭壁一样边缘的也是相似的泥或泥砖。"[6]

现代考古学家普遍接受惠勒的观点，认为圆丘上存在被围墙和大门围起来的主要建筑（不过哈拉帕的这些建筑的围墙和大门要比摩亨佐—达罗的更朴素一些）。但他们不理解的是，为什么哈拉帕——或许还有摩亨佐—达罗——遗址中不同的圆丘拥有彼此独立的围墙，这样一来整个城市就由数个围有高墙的居住区组成，而不是被一个单一的、包罗城市所有面积的围墙保护起来。鉴于在城市外统一修建的城墙肯定会更好地保护城市、抵御入侵，因此，这些彼此独立的围墙可能并不是防御措施，也就不可能有惠勒想象中的"塔楼和城垛"对其进行加固。说实在的，并没有任何确切的考古证据能证明这些围墙和大门是为了防御目的建造的。比如，它们缺乏后世历史上城市中发现的城堡的所有典型结构，如护城河，或者克诺耶所说的那种"大门内紧接着入口的急转弯，可以将入侵者暴露给城门上方的守卫"。[7] 在克诺耶和许多其他学者看来，印度河城市的高墙和大门应当是为了控制城市与其他定居点间的商贸而建设的，而不是为了与敌人交战。这就能够解释一些现象，比如城门专门设有楼梯或斜坡以及侧室，可能是供守门人起居的；还有哈拉帕 E 号圆丘，它的南门格外窄（只有 2.8 米），一次正好只能过一辆货车；再比如城门内部紧挨着城门的一片大型空地，有可能是方便商人和他们的货车停留。在哈拉帕，大部分石制砝码都是在大门通道内发现的，让这种解释更具有可信度；这些砝码有可能用来估算进入城内的货物流量。

即便如此，哈拉帕的考古发现中，有关贸易活动的考古证据并没有我们期待的那么多；摩亨佐—达罗就更少了，明明那里的居民使用的部分器物体现出相当高明的工艺。在哈拉帕确实发现了砖窑和陶瓷生产的遗迹，以及锻造铜或青铜的铺子、金银加工以及制造珠子、加工贝壳和雕刻象牙一类工艺的证据，但是，并没有发现商店或市场这类商业活动设施的清晰证据。在摩亨佐—达罗，早期发掘者们在 20 世纪 20 年代的考古报告中提到，那里存在"商业大楼""商店""贮存库""码头"，甚至还有"公共进餐区"，不禁令人满怀希望；但在接下来的考古发掘中，没有一处描述获得了确凿证明。

当代考古学家马西莫·维达莱（Massimo Vidale）感叹道："摩亨佐—达罗工业结构最值得注意的特征是，生产居民日常生活中必需品的一系列产业是稀少的，几乎可以说是完全没有。"[8] 这些物品会像砖头那样，不在城市内生产吗？对于制陶和冶炼来说，这个推测是合理的，但对于先进工艺，比如锻造、首饰制造和印章雕刻而言，就相当不可能了。在早期调查以及 20 世纪 80 年代的地面测量中，都发现了一些小作坊，有的作坊里还发现了一个小炉子，可能用以熔炼和锻造铜。根据哈拉帕的考古发现推测，在摩亨佐—达罗也许也存在着其他尚未发现的作坊。在波赛尔看来，"摩亨佐—达罗的商业活动很丰富，也为上流人士提供了在城市中谋生的一种手段，我们的这种想法是合理的；但是从考古发现来看，摩亨佐—达罗的商业活动并没有表现得特别明确"。[9]

现在考虑一下在摩亨佐—达罗和哈拉帕均有发现的、可能用作谷仓的建筑物。20 世纪 20 年代，摩亨佐—达罗"堡垒"里靠近大浴池西南角的部分发现了一个建筑结构，由硬砖头建成的数个长方形小平台组成，每个小平台有一个小房间那么大，高 1.5 米，四个侧面有一列列竖向的深沟。小平台间有窄通道，彼此垂直相交，通道底部发现了煤渣和木炭。马歇尔承认，这一建筑结构尚未经完全发掘，但依旧将其推定为"hammam"。"Hammam"即热气浴，以热坑提供热气；热坑是一种地下供热系统，通过纵向管道输送热气。但惠勒在 20 世纪 50 年代再次对这个建筑进行了调查，认为这应当是一个市政谷仓：风道网用来烘干大型木制谷仓，这个谷仓由方形的梁柱或立柱支撑，砖制小平台上还留着这些立柱的承槽。他甚至认出了一个外部的装卸平台，供运送进贡的谷物的货车使用。五年后，在他的自传中，惠勒凭借他对克里特和罗马谷仓的了解，以一种十分自信的口吻宣称："这个建筑结构在周围皇家或市政建筑中有显著地位，是城市的经济中心，与后世的'国库'起相同作用，记录着这个城市的财富和幸福。"[10] 现在，热气浴和谷仓的假设都不再受到追捧。不像在梅赫尔格尔，最初的发掘者们并没有在这个建筑中发现烧焦的谷物或者贮料仓的迹象；也没有发现别处使用过的那种在货物捆扎好后封口用的印章，这种印章在洛塔尔尤其多见。克诺耶评论称："更适合这个建筑结构的名称应当是'大会堂'，因为这很明显是一个由木柱支撑的、有很多房间的、空间宽敞的建筑物。"[11] 至于惠勒推断的另一个位于哈拉帕的谷仓，与摩亨佐—

图 15 经修复的哈拉帕圆形砖台，其原本的用途可谓众说纷纭

达罗的这个虽颇为不同，但也因为没有发现谷物或贮料仓的明确证据而不成立。除此之外，哈拉帕的那个"谷仓"附近有一系列令人吃惊的圆形砖制平台，惠勒认为那是舂米用的，臼为木制、杵为砖制[1]，但那些圆形平台其实分属不同时期的不同建筑物，因此与他认为的谷仓基本没什么关系。

令人惊讶的不仅仅是商业建筑的缺乏，印度河宫殿和神庙的可靠证据也相当匮乏。甚至连惠勒都没能找到相关证据！如果印度河

[1] 原文如此，但从上下文和实际操作情况看，似乎砖台做臼、木头当杵更合适一些。

统治者确实存在，一般会假设他们居住在圆丘上的"城堡"里，其住所应当与其他古文明的统治者的住所有相似性，与印度次大陆此后出现的王国的情况更应当相似：特别地说，就是为了保证统治者及其亲属的隐私和不可侵犯，他们的住所需要在一定程度上与外界隔离并难以抵达；除了接待显贵和觐见人的公共房间，还要有私人房间；要为膳房、库房、作坊、管理机构和官方档案所留出更大的空间；私人区域或许有奢侈的装饰。然而，无论在"城堡"内，还是在下城区，任何印度河城市中都没有发现符合条件的住所。至于宗教崇拜，印度河印章上可能具有宗教意义的意象并不缺，还有一些特殊的物品，比如"祭司王"小雕像、大量女性小陶像，以及少量阳物崇拜的物品，都说明当时可能存在神灵崇拜和宗教活动。但是，除非我们把摩亨佐—达罗的大浴池算在内，否则就没有任何一个建筑是明确用于宗教崇拜的。麦金托什的假设或许可以解释这种缺失：鉴于现代印度村落里"神殿颇为寒酸"，人们通常就礼敬一棵树或者一个小的像，再加上印度最早的石刻寺庙是以木制建筑为模板建立的，木制建筑又确实容易腐朽，或许人们不该寄希望于在印度河文明遗址中发现壮观的砖砌宗教性建筑。[12]

除了私人住宅之外，出土的印度河建筑中，唯一能无可争议地确定其用途的那些都与水有关：水井，洗手台和厕所，排水管道系统以及大浴池。赖特写道，"或许直到罗马时代晚期，人们才发明出这么多聪明的建筑工艺，用以解决与水相关的或舒适或不舒适的情况"。[13]毫无疑问，印度河文明是世界上最早在整个城市定居点中运用特殊排水技术的文明。但是，我们需要避免重蹈很多人的覆辙，要警惕得出如下推论的冲动：印度河文明特别关注水、将水作为仪式净化的源头。但在继续讨论这一点之前，我们先把目光投向水利工程。

摩亨佐—达罗的水井可以说是这个城市最突出的特征之一。20世纪20年代，水井被充分发掘，因为它们都有10—15米深（而且里面还有水），它们砖制的柱状井壁现在像塔楼或烟囱一样竖立着。水井的数量也多得引人注目。有一种计算结果称，把私宅和公共区域加在一起，城中原本共有700口水井。井顶部砖头上深深的凹槽证明它们被频繁使用，这些凹槽可能是拴着打水用的皮桶或木桶的绳子磨出来的；水井经过重建、井深每隔一段时间都会增加以达到地下水位，也证实了这一点。

哈拉帕和摩亨佐—达罗在规模上相差不大，但哈拉帕仅有30口水井，这个事实提出了一个明显的问题：为什么哈拉帕的水井这么少？答案之一是哈拉帕当时的降水量可能比摩亨佐—达罗多；其二，哈拉帕距离古拉维河也许比摩亨佐—达罗距古印度河更近。此外，哈拉帕的中心发现了一块很大的低洼地区，可能是蓄水池。毫无疑问，印度河对摩亨佐—达罗来说，是恩赐，更是威胁：它不仅

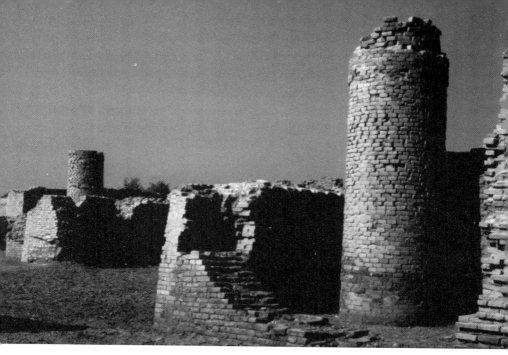

图 16 摩亨佐—达罗的水井。考古发掘后，它们竖立着像塔楼一样

经常泛滥成灾，而且在相当长的时间内慢慢地、大幅度地改道，导致这座城市没有稳定的来自河流的水资源供应。（现在古吉拉特的大盐碱滩卡奇大沼泽，就是印度河历史上一次重大改道的结果。）迈克尔·詹森（Michael Jansen）写道："在建筑上，应对第一个问题 [洪水] 的解决方法是建造高于地面的平台，水资源临时缺乏则由水井网未雨绸缪地应对。"[14]

　　人工排水道不仅仅在印度河城市中很重要，在小一些的城镇甚至村庄里也十分关键。最小的下水道由烧制的砖建成，将私宅里洗手台和厕所的污水导入小巷中的露天中型排水沟内，再进一步连接到主路上更大的、有砖块或石头覆顶的下水道内；这些下水道搭配有砖砌的"检修井盖"，这样可以在需要的时候进行清洁。"叠涩拱使更大的下水道可以穿行于街道或建筑下方，最终延伸出城墙外，将污水和雨水排放到遥远的平原上"，克诺耶如此描述道。[15] 在下水道的排水口上，甚至可能安装了木制水闸或护栏，以防止入侵者偷偷潜入城中。在哈拉帕发现了一段位于大街地下保存完好的下水道，其叠涩拱高达 1.6 米、粗 0.6 米、长 6.5 米。不过，印度河文明并没有出现古美索不达米亚或古埃及那种真正的拱形结构。在马歇尔看来，印度河文明缺少这种真正的"拱"，有助于说明"印度河谷与苏美尔之间没有真正紧密的联系"[16]，因为印度河工匠明显已

图 17 直到比印度河文明晚 2000 年的罗马时期，比摩亨佐一达罗更好的排水系统才被设计出来

经能制造出楔形砖块（用于给水井口加衬），这些楔形砖块应当也适合修建真正的拱形结构。

　　1950 年皮戈特写道："整个 [下水道的] 规划体现出一种对卫生和健康的显著关注，无论在史前时期还是现代的东方，这种关注都是独一无二的。"[17]（他的观点在印度显得振聋发聩，根据印度政府 2011 年的年度普查，有 50% 的人口没有家庭厕所，只能露天排泄。）不过，这有可能夸大了印度河排污系统的有效性，早期的发掘者们并没有像研究下水道系统的建筑奇迹那样，对其有效性进行彻底研究。在哈拉帕，晚一些的考古发掘显示，许多家庭有一个独立于洗漱区域之外的厕所，由一个沉在地板下的大罐子或者污水盆构成，看上去需要清理出去并且把内容物倒进渗坑里，而不是直接冲到市政下水道里。此外，哈拉帕的下水道和排水管并不总是被城市的清洁工——我们对他们一无所知——好好维护的，这很明显，因为污水会从下水道的两头漫出来进入屋内。所以，门廊和屋墙基要时不时地修到比大街高，这种情况在现代的哈拉帕城里依旧在发生。然后，在大约半个或一个世纪之后，古代的市政当局显然又建了新的污水管或排水管，就在原有的管道上方。

　　印度河文明水文建筑的集大成之作是摩亨佐—达罗的大浴池。之前已经简要介绍过它巨大的体量、两道楼梯和涂有沥青的防水结构，不过并没有提到，在两道楼梯的楼梯脚，分别有一道砖块镶边的小台子沿着浴池壁向两侧延伸、环绕一圈。这样，人们就可以在小台子上移动而不用让自己泡在水里了。

修建大浴池的目的可能不仅仅是在摩亨佐—达罗常见的大热天里提供公共洗浴的场所，因为就在水池北面，有一座很大的建筑，里面建有八个带传统沐浴台的小房间。大浴池最有可能在特殊的宗教活动上使用，在这些场合，水被认为具有净化和再生沐浴者身体的作用。如果这种解读是正确的，那么把大浴池和瓦拉纳西（Varanasi，旧名贝纳勒斯）以及其他一些印度城市的河边沐浴阶梯（ghat）联系在一起就是合情合理的。依据宗教仪式，印度人在沐浴阶梯上用恒河的水净化自己，无论那些水实际上被污染得多么严重。不过，还没有确凿证据能证明印度河文明也存在这样的水崇拜。如马歇尔在 1931 年所写，"尚未发现可以证明水在抽象意义上的圣洁性的切实证据"。[18] 现在，情况依然如此。克诺耶写道："水的形象在印度河陶器上很常见，但在叙事性的印章上，没有记载有关雨和河流的特殊仪式。"[19] 即便如此，还是很难相信，人们付出劳动和技能建筑大浴场这样庞大而费时费力的设施，单纯就是为了其卫生功能，而没有任何潜在的宗教动因。

对于在洛塔尔港 1954 年发现的大得多也相对更深的水池 [22 米 ×37 米 ×（4—4.5）米] 而言，情况并非如此。它明显是为了实用而非宗教理由修建的。但是，它的准确用途却有争议。这个大水池在 1955—1960 年由拉甘纳特·拉奥（Ranganatha Rao）主持发掘，他找到证据证明这个水池是世界上最古老的造船厂，其历史可以追溯到公元前 2400 年左右。它北端的水渠在涨潮时将其与河道口连接，而南端的水渠似乎是曾经安装了水闸的出水口或泄洪沟（有水闸的沟槽保留下来）。不过，船只的进港航道需要船进行两次 90 度的转弯，看上去不太可行，这个水池离码头也不近，二者之间隔着一条河。水池的侧壁垂直于地面，没有发现出入踏板的任何痕迹。

图 18 洛塔尔的大水池。洛塔尔位于现在的印度古吉拉特邦，是印度河文明在阿拉伯海的核心港口。这个水池可能是造船厂

而且，它的尺寸对于一个能容纳多艘船只的造船厂而言，还是略小了些。拉奥关于造船厂的假设很快便被质疑，现在大部分学者都不同意他的这个观点。也许这个水池就是饮用水储水池或者灌溉水池——但如果真是这样，为什么有一条古洛塔尔的下水道注入这个水池，它看上去又为什么曾经装满海水？就像印度河文明太多太多大型建筑结构一样，洛塔尔大水池的功能也是神秘莫测的。

第 4 章

工艺美术

与建筑相比，学者们对印度河文明的工艺美术品了解得相当多。印度河文明的工具、金属制品、有雕刻的石制砝码、珠宝、贝壳和硬陶手镯、陶器、雕塑和印章，考古学家不仅在考古发掘层面对它们很熟悉，还通过技术分析和实验仿制推断生产它们可能需要的步骤。这些物品或许比印度河文明的建筑与水利工程更能说明这个古老的文明有多么成熟复杂。

即便如此，未解之谜仍旧存在。最令人费解的就是，留存至今的美术品和手工制品，无一例外，尺寸都不大。比起尺寸，印度河文明的艺术品更重视工艺水平和技术含量，这从那些雕刻精巧的印章上就能看出来。用惠勒充满洞察力的话来说，这些印章"具有不朽的力量，一方面，这种力量与其娇小的体量完全不成正比；另一方面，正是其载体凸显了这种力量"。[1] 在整个印度河文明中，完全没有任何壁画、建筑装饰或真人大小的雕塑的痕迹，这与古美索不达米亚和埃及形成了鲜明的对比。印度河雕塑中最有名的一个是"祭司王"，这件皂石半身像的高度只有 17.5 厘米。或许大型雕塑是用易朽的木头雕刻的，但如果是这样，雕塑的底座或者其他形式的碎片总应该能保存下来。所有留存下来的印度河物品中最精良的——无论是工艺角度还是美学角度——是珠宝上那些有精巧钻孔的宝石珠和那些印章，二者也都出现在美索不达米亚。但是，为什么当时的艺术家和工匠看上去坚持"一种对小型艺术品的偏好，而对等身大小的艺术品不那么喜爱，这是个谜"，戴尔斯在 20 世纪 80 年代如是说。[2] 这个问题目前还没有满意的答案。

许多印度河文明工艺看上去是在成熟期前由梅赫尔格尔及周边地区的工匠们发明的。梅赫尔格尔出土的年代最晚的陶器中，有一部分陶器名为"费兹·穆罕默德灰陶"（以其在波伦山口的出土地点命名），与此后在印度河城市中生产出来的任何陶器并无二致。梅赫尔格尔本身已经产生了用来加工珠子和各种半宝石饰品的微型钻和其他钻孔工具；那里出土了一枚穿着铜芯的青金石珠，里面的铜芯可能就是生产过程中废弃的钻头。

印度河文明的工具大部分是由石头制成的，原材料主要是一种品质极高的灰褐色燧石或角岩，来自印度河对岸、摩亨佐—达罗东部的罗赫里丘陵（Rohri Hills）中一处古老的石矿。为了敲击石核、将其塑形，要用到数种不同的工艺，其中最有效果的或许就是反向间接敲击（inverse indirect percussion）。操作时，将一个尖端安有鹿角或金属的木桩牢牢地扎在地里，把需要加工的石核以特定的角度抵在木桩尖端上，再用木锤或鹿角锤击打石核，这样木桩的尖端就可以从石核上卸下一条长且边缘平行的石刃。由此，一个燧石石核可以很快产出数片石刃。这种工艺是印度河谷和印度半岛独有的，印度西部肯帕德（Khambat）的玛瑙珠生产中心依旧在使用这一技法。

但是，还有一些工具是由金属制成的，原材料是铜或者青铜。虽然不是铁器，但这种金属工具要到公元前两千纪才会在世界其他地方出现。铜可能是从许多不同地方获得的，包括波斯湾的阿曼和印度的阿拉瓦利山脉。令人惊讶的是，印度河的青铜锯的坚硬程度肯定可以媲美现代的钢锯，因为它们在切割贝壳上的表现并不逊于现代钢锯。尽管印度河文明的锯子没有保存下来，克诺耶仍旧通过分析印度河作坊里贝壳碎片上的锯痕重建了印度河锯的基本形状。他记录道："印度河锯薄且布有锯齿的边缘长而弯曲，与现在孟加拉人制作贝壳手镯时所用的锯[1]很像。"3 但有趣的是，印度河文明的刀和长矛却并没有用上同样高水平的技术，金属刃身上并没有用脊线[2]强化以满足军事效能需求。印度河文明大规模生产的标准化物品上，大致都能看到同样粗糙的工艺；在帕尔波拉看来，这些物品"有时候相当不好用"，而且"工艺改进方面几乎没做出什么努力"。4 鉴于印度河工匠在技术要求更高的制造业中展现出相当的工艺水准，为什么会出现这种有缺陷的制造工艺，也是个谜。

很明显，标准化的石制砝码并不符合上述"工艺粗糙"的情况。

---

[1] 现在孟加拉地区切割贝壳制作贝壳手镯（shakha）的时候，用的是圆锯，此处可能指锯缘是弧形的。

[2] 英文为"midrib"，原指叶脉，作为冷兵器术语时，指的是刀剑或矛头两面上隆起的脊线，可以强化剑身或矛头，减少使用时发生断裂的可能性。

这些砝码由有纹路的燧石、玛瑙或有色碧玉制成，为立方体或截去顶部的球体。它们制作精准，经过精心打磨，并且相当成体系（可惜的是上面没有雕刻印度河字符，无法帮助解读印度河文字的数字系统）。印度河的重量体系与美索不达米亚或埃及使用的重量体系不一致，在古代世界是独一无二的。这个体系为印度留下了卓越的遗产：它为公元前 7 世纪出现的印度最早的铸币提供了重量标准；它与公元 300 年前后建立的最早的恒河王国（孔雀王朝阿育王的统治就在这些王国之后）的重量体系完全一致；而且，在公元后的第三个千年，在印度和巴基斯坦的传统集市上，这套重量单位依然用于称量少量物品。

重量的基础单位可能是一个小小的黑红色种子，名为"ratti"，是相思子（*Abrus precatorius*）的种子，现在会用在巴基斯坦和印度的首饰上。相思子种的平均重量大约是 0.109 克，八颗相思子种的重量等于已知最小的印度河砝码的重量，也就是 0.871 克。以此为基础单位，一套印度河砝码中头七枚的重量成公比为 2 的等比数列，即按照 1：2：4：8：16：32：64 的重量比排布。最常见的砝码重 13.7 克（即约等于 16×0.871 克）。头七枚之后，重量系统就从二进制切换为近似十进制，砝码的重量比变成 160：200：320：640，再突然增长到 1600：3200：6400：12800（就是二进制的数十倍数）。克诺耶记录道："摩亨佐—达罗遗址中发现的最大的砝码重达 10865

克（大约 25 磅），差不多是一颗相思子种重量的 100000 倍。"[5]

测量长度用的刻度尺也有出土。现存四把已知的尺子中，一把出土于卡利班甘，由陶土制成；一把出土于洛塔尔，由象牙制成；一把出土于哈拉帕，是把铜尺；还有一把出土于摩亨佐—达罗，材质是贝壳。这些尺子的最小刻度单位大约是 1.7 毫米，上面也标记了更大的刻度：洛塔尔的尺子上是 17 毫米和 33.46 毫米，摩亨佐—达罗的尺子上是 67.056 毫米（也是目前已知的最大单位）。值得注意的是，17 毫米[1]与《政事论》中记载的传统长度单位 17.7 毫米十分接近。《政事论》成书的年代不早于公元前 4 世纪，是印度的"经济学"经典。

根据推测，包括建筑师和木匠在内的许多门类的工匠都会用到尺子。木材被广泛用于砖制建筑、运输及其他物品中；砖制结构上留下的用来安装支柱的孔槽，印章图像中的木船，安有实心木轮的陶制牛车模型，还有木工活不可缺少的斧子、凿子、锯子等工具，都能说明这一点。可惜的是，印度河文明时期的木头没有留下任何样本。雪松和热带硬木（hardwood）最有可能用于搭建建筑、制作家具。雪松指的是喜马拉雅雪杉（Cedrus deodara），生长在喜马拉雅山脉，可能通过印度河及其支流运送到印度河城市中。

---

[1] 即 10 个基本长度单位。

硬木则有可能是印度黄檀（*Dalbergia sissoo*），也被称为 "sisu" 或 "sheesham"，依据美索不达米亚的楔形文字文献中对美索不达米亚从美卢哈进口的 "*mesu* wood" 的记载，这个名词看上去指代的就是印度黄檀。因为印度黄檀的心木可防白蚁，因此在印巴两国旁遮普地区，它依旧被用于制造门、窗和家具（巴基斯坦旁遮普省和印度旁遮普邦都以印度黄檀为省树／邦树）。

　　遗址中出土了许多尺寸各异的砖头和石头，上面有沟槽，可能是织布机的配重。尽管没有发现织布机的图像，但从砖石配重判断，木头肯定也用于建造织布机。织物在印度河文明中一定是广为传播的，尽管目前只有唯一一块布料保存了下来：由棉花纺成，用茜草染成了红色。不过在其他材料上，留下了多例不同品级的布料的痕迹，例如，泥印背面粗麻布的印痕，一片陶片上麻布的印迹，铜器把手上绕着的线的痕迹，以装满沙子的袋子为模具的彩陶器的内壁[1]，还有印在一个玩具床上的、由精纺线密织的布料的印痕。克诺耶提出，织毯的间接证据是 "与众不同的黄铜—青铜（copper-bronze）小弯刀，它们的功能与现在切除绒头地毯上的绳结用的小刀十分相似"。[6]

　　印度河首饰上的珠子材质各异，除了各种半宝石外，还有金

---

[1]　因为这些彩陶器以沙袋为模具，在塑形过程中，内壁上必定留下袋子布料的压痕，所以它们的内壁就是布料印痕的直接反映。

属——金、银、铜——以及贝壳、象牙、皂石和陶土。令人惊讶的是，虽然青金石和绿松石在印度河文明区域颇有价值，而且很早就有相关贸易，但它们并不是印度河制珠工匠使用的主要原料。工匠们喜欢质地更硬的宝石，例如光玉髓、玛瑙、玉髓和碧玉，因为它们可以保持很高的光泽度，与较软的青金石和绿松石正相反。红色光玉髓（其红色由氧化铁、赤铁矿和针铁矿带来[1]）尤其受到印度河先民的偏爱，他们把黄色的玉髓放进有牛或羊排泄物的罐子里，盖上盖子并加热，由此获得红色光玉髓。不过，青金石和绿松石的青蓝色与黄玉髓的红色也可以仿制，前者通过给彩陶珠上蓝色实现，后者则通过在赤陶珠表面涂红颜料实现。人们佩戴这种陶珠串成的腰带或项链时，陶珠发出的清脆叮当声很像真的光玉髓珠，而它们所需的人工比光玉髓珠少得多（自然也便宜得多）。克诺耶推测，"在现代的巴基斯坦和印度，人们常在诗歌中用首饰的声音传达官能美，而珠子和手镯在碰撞中产生的叮叮当当的声音，或许与印度河首饰引起的视觉象征意义同等重要"。[7]

阿拉迪努出土的珠宝储藏罐中，发现了一条真光玉髓珠串成

---

[1] 氧化铁（Fe_2O_3）、赤铁矿（主要成分是 Fe_2O_3）、针铁矿（主要成分同为 Fe_2O_3，只是晶体结构与赤铁矿不同）因含有大量三价铁离子，呈红色至红褐色。光玉髓是玉髓的红橙色变体，因其结构中含有前述三种物质（至少是其中之一），故呈现出从橙白色到红黑色的不同红色。

的腰带或项链，是目前为止仅有的保存完好的三条光玉髓珠带之一。它由三十六枚钻过孔的长光玉髓珠串成，中间夹穿有青铜饰片。1976 年的一个大雨天，瓦尔特·费尔瑟韦斯（Walter Fairservis）在一个陶罐中发现了它。这条带子被紧紧地缠起来放在陶罐中心，周围塞着 2—3 条银珠串成的多股项链，八卷银线，十五枚玛瑙珠，一枚缠金线的铜珠，还有一堆金块和金首饰。为什么它们被埋在地下？这个储藏罐跟摩亨佐—达罗和哈拉帕出土的很像，故而这堆宝物可能是一位古代金匠的所有物。但这看上去不太可能，因为与这两个城市相比，阿拉迪努太小了，一个金匠不太可能在此定居。费尔瑟韦斯的同事克诺耶推测，这堆珠宝饰品可能是"一位女性或她的家庭继承来的，为了妥善保管而将它们藏了起来"——并且再也没有取出来，其中的原因我们只能猜测。[8]

　　克诺耶和他的合作者对有孔光玉髓珠的制造工艺进行了详细研究，古代和现代（肯帕德）的工艺都包含在内。核心工艺零件是细长的柱状钻头，摩亨佐—达罗、哈拉帕、多拉维腊和强胡—达罗等遗址均有大量出土。钻头由一种稀有的变质岩制成，这种石头经过加热，可以产生一种主要由石英、硅线石（sillimanite）、莫来石（mullite）、赤铁矿（haematite）和二氧化钛构成的人造材料。克诺耶将这种材料命名为"厄内斯特石"（Ernestite）以纪念欧内斯特·麦凯，后者于 20 世纪 30 年代在强胡—达罗首次发现了这一材

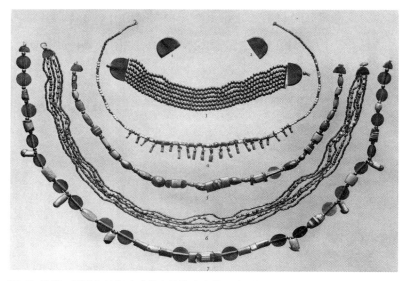

图 19 约翰·马歇尔修复完成的完整的摩亨佐—达罗饰品，出土于 20 世纪 20 年代

料并认识到了它的重要性。

克诺耶这样描述古代可能的制作工艺：

在给珠子钻孔时，工匠将珠子牢牢地固定在木钳上，用手持弓钻[1]进行钻孔。因为钻孔时会产生高温，整个钻孔流程可能是在水下进行的，或者有水流持续不断地滴到

---

[1] 可以参考锡碗匠用的手钻，钻孔的时候用膝盖夹住打孔对象，钻头对准位置，一手扶钻一手拉弓带动钻头钻孔。

钻孔里。钻孔实验表明，"厄内斯特石"钻头每小时可以钻透 2.5 毫米厚的光玉髓，效率是以硬刚玉（红宝石）粉辅助的碧玉或铜钻头的两倍多。即便如此，要钻透一颗 6 厘米长的珠子，也需要超过 24 小时，或者三个 8 小时工作日的稳定的打孔工作。阿拉迪努和摩亨佐—达罗出土的带子上的珠子有 6—13 厘米长，每颗珠子需要稳定钻孔 3-8 个工作日才能钻透。在古吉拉特，大部分现代钻孔工人工作几小时后就会休息很长时间，因为钻孔工作实在太费力了，准备和修复钻头也要花费相当长的时间。[9]

克诺耶以此为基础估算，要制造阿拉迪努出土的那件三十六枚光玉髓珠串成的带子，从加热光玉髓开始到完成抛光为止，差不多需要 480 个工作日。

这些珠子倾注了非同寻常的工艺和时间，无怪乎这种光玉髓长珠会作为随葬品，出现在美索不达米亚乌尔城的皇家陵墓中了。乌尔城出土的这类珠子中，一部分是在印度河谷内生产出来的，另一部分款式不同的珠子可能是在美索不达米亚当地生产的，但使用了印度河文明的钻孔技术。那些给珠子打孔的工匠有可能就是从美卢哈移民到美索不达米亚的。

佩戴光玉髓珠肯定是地位和财富的象征。与此相反，手镯则

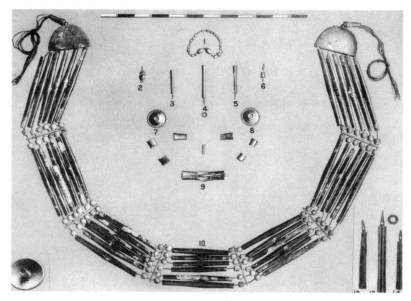

图 20 图中钻孔光玉髓珠出土于摩亨佐—达罗，这种珠子最长可达 13 厘米，每一颗都需要许多天稳定、小心地打孔才能完成

是社会各阶层都会佩戴的首饰，而且看上去很重要；印度河文明墓葬中时常有手镯出土。印度河文明佩戴手镯的传统很有可能一直在南亚延续下来，例如印度的战士佩戴手镯保护手腕和胳膊，印度的妇女佩戴手镯以期护佑家庭、保佑丈夫健康长寿。后者的习俗一直延续到了今天。印度河文明遗址中出土的手镯种类繁多，有普普通通的陶土环，也有经锤打的金片制成的中空手镯；白贝壳和青铜也会被使用，还有彩陶，有时候它会被仿制成贝壳手镯的形状，呈现

图 21 从印度河文明出口到美索不达米亚的首饰，其年代可以追溯到约公元前 2150—前 2000年。这些来自印度河文明的珠子是在乌尔城的皇家陵墓中发现的，其中有五枚由鸡血石制成

出程式化的"子宫状"造型。但最受欢迎的镯子材料看上去还要数硬陶。

哈拉帕和摩亨佐—达罗是硬陶镯唯二的生产地，其制作工艺很明显是保密的，并且随着这两座城市的衰落而一并消失了。考古学家们在 20 世纪 30 年代第一次注意到硬陶镯，那时麦凯在考古发掘中偶然发现了一堆玻璃化的遗存，看上去是烧制陶器、黏土和手镯的一次失败产物。穆罕默德·A. 哈利姆（Mohammad A. Halim）、维

图 22 海螺壳制成的手镯，出土于哈拉帕。直到今天，佩戴手镯依旧是南亚地区的常见习俗

达莱和克诺耶在 20 世纪 80 年代试图分析和仿制硬陶镯的生产工艺，但仅取得了部分成功。

要烧制硬陶镯，首先需准备好一块优质的黏土团。将黏土团置于陶轮上，转动使其形成一个中空的圆柱体，稍加干燥，用线将其分割成一个一个的素面镯坯。用石刀塑形，以光滑的石头磨光，再用一块布给镯坯抛光。最后，镯子被放入一个覆有黏土的罐子，搁在窑炉中成堆的赤陶环[1]上进行高温烧制；窑炉顶部以一个大型陶土盖密封，并盖上"独角兽"印章封存。如果一切顺利，成品应当质地均匀、成色优良，内外花色统一呈现驳杂的灰黑色（如同留存

[1] 参考瓷器的烧制工艺，这里的赤陶环应该是起垫高底部、使镯子受热均匀、防止烧熔的作用。

至今的断裂的手镯显示的那样），研究者通过在罐中加入诸如山羊粪一类的有机物质，得到了类似的结果。

不过，硬陶镯最不寻常的地方并不是它的制作工艺，而是上面的铭文和它们超出预计的尺寸。每个硬陶镯上都有铭文，可能是单个印度河字符，也可能是一组，这些铭文是在手镯烧制前印在湿泥坯上的。铭文可能是神圣符号，可能是头衔，甚至可能是人名——但目前没有任何解读的方法。每个镯子的直径都在 5.5—6 厘米，这个尺寸太小了，不太可能戴在手腕或脚腕上，更有可能是某种坠饰，或被缝到布料上做装饰。"祭司王"半身像头上戴着的发带和上臂佩的环带中央，各有一个突出的环状标记，可能描绘的就是一个硬陶镯子。考虑到硬陶镯子的特点、大小和神秘性，麦金托什认为，"硬陶镯有很大可能是一种官职徽章，由等级制度中的领导层成员佩戴"。[10]

印度河城市留存下了大量的陶器，素面和彩绘的都有。在印度河文明成熟期的一千多年以前，梅赫尔格尔的陶匠就已经在使用陶轮了。但印度河城市的陶器并没有什么特别突出的地方。说实话，梅赫尔格尔的陶器，特别是费兹·穆罕默德出土的器皿，无论是形制还是装饰或许都比哈拉帕、摩亨佐—达罗以及其他城市中出土的陶器更胜一筹。在塑造黏土、石头和其他材料时，印度河工匠们最主要的精力并没有投注给陶器，而是倾注在以下三类物品上：数不胜数的动物和人类的小塑像、面具，还有形形色色的玩具，从最简陋的到称得上复杂的都有；数量不多但颇为重要的高质量雕塑；以及最重要的，成千上万的印度河印章。

许多女性和男性人物小塑像赤身裸体，由此推断，它们应当是生育塑像[1]。考古学家推测，陶匠将它们制造出来后交给崇拜者；当在神树下或者家中院子里举行家庭仪式时，崇拜者会使用这类小塑像。根据小塑像的出土地点可以猜测，仪式一结束，它们并不会被供奉在神庙或类似的建筑内（在美索不达米亚这确实很常见的），反而可能被丢弃，或者给孩子当玩具。动物的小塑像要更加写实，大多是幽默而吸引人的，看上去有一些纯粹是玩具，还有一些则用于宗教崇拜。举例来说，有个小塑像是两个轮子上架着一个茶壶套一样的身体，身体上连着一个中空的陶制公羊头像，这无疑是个玩具；而另一个小塑像则是一个三头的动物雕像，主体是一头象鼻部分中空的大象，象头上方有两只水牛角贴着大象的面颊弯曲下来，象头背面则是一个猫科动物的下巴，上面还露出尖牙，这件精美的、经过雕琢的中空雕像则有可能是一件敬神物品。

高质量的雕塑有十余件，具体数目取决于如何界定"最精美的塑像"，另外还有两件小雕像尚存争议。这些雕塑中最著名的无疑

---

[1]　这种雕像多为裸女形象，后期也有裸男形象；注重突出和夸张生殖器官及相关部位，通常被认为是生殖崇拜的产物，或者与人类繁衍、祈求丰收的巫术和仪式相关。

是皂石的"祭司王"和青铜的"舞女"，都出土于摩亨佐—达罗的早期发掘中，对其身份的鉴别也都不是板上钉钉、万无一失的。"祭司王"（见图 1、图 38）之所以得名，很大程度上是因为他威风凛凛、富有力量的脸，半睁半闭的双眼，修剪整齐的短髭，以及他身上披着的露出右肩的精美长袍——在印度及佛教世界，这样的着装在拜谒神庙、拜见圣人的场合依旧得体。此外，帕尔波拉认为，长袍上的三叶草纹与美索不达米亚诸神和祭司王所披斗篷上的三叶草纹类似。青铜"舞女"裸着身子，造型活泼，左臂戴满手镯，近乎赤裸的右臂叉在腰上，与观者对视，摆出的可能（但远未确定）是

图 23 青铜"舞女"塑像，出土自摩亨佐—达罗，高 10.5 厘米，宽 5 厘米

一个舞蹈动作。而她的身份更令人疑惑。马歇尔对她的评论无疑是过于自信了："这很明显是个当地的土著舞者，或者说土著印度舞女[1]的代表。我们可以合理地推测，这个阶层的少女在跳舞时，身上除了首饰什么都不穿戴，但要说她们平常也裸着身子，就太草率了。"11

马歇尔第一个承认，更成问题的是哈拉帕出土的两个受损的小雕像：一个是男性雕像，头部不存，一条腿抬起，这次很明显是在跳舞；还有一个无头的人体躯干。令人不得不震惊的是，这两个小雕像明显受到希腊艺术的影响，而这正是亚历山大统治后数个世纪印度西北部的艺术特色。因此，尽管男性舞者雕像的发现人给出了确凿的原始出处，马歇尔和许多后来的学者仍然质疑，这两个小雕像是否为印度河文明成熟期的产物。它们真正的历史断代仍未确定，以至于在现在对印度河雕像的讨论中，它们往往是被略的。

印度河印章的美学水平获得了一致公认。之前已经提到了惠勒对它们的赞誉；马歇尔认为，那些最精美的印章"因其雄浑的艺术手法和对线条及立体造型的感知而卓然不同，在雕刻艺术中难有比

---

[1] 英文为 "nautch"，传音自印地语（नाच）/ 乌尔都语（ناچ）。在源语言中，这个词的意思是"舞蹈"，后来也被用来称呼由专门的女性舞者表演的宫廷舞蹈。莫卧儿帝国晚期，这种宫廷舞蹈兴盛一时，后来逐渐走出宫廷，在更广范围内传播。有些学者也用这个词指代印度教神庙中表演的舞女。表演舞蹈的舞女也被称为 "nautch" 或 "nautchi girls"，她们因职业形成了一个阶层，或者说"种姓群体"，即 "nautchi"。

肩之作"。[12] 即便是公认对印度河美学没什么好感的皮戈特也承认，这些印章"雕刻笔触往往一气呵成，十分精彩"[13]。平面设计师、插画师、作家、著名电影导演萨蒂亚吉特·雷伊（Satyajit Ray）是印度的大艺术家，他对印度河印章深深着迷，甚至以"独角兽"为灵感创作了一篇短篇小说。至于我本人，就是因为看到了印度河印章才第一次对印度河文明感兴趣。

取皂石，用类似现代解剖刀的有刃錾刀凿刻，放入窑炉内烧制以略微提高其硬度（莫氏硬度达到 4 左右），这就是制作印度河印章最常见的材料和步骤。印度河印章的形状基本是方形，偶尔也有长方形，但基本没有圆柱形，而圆柱形是美索不达米亚印章最常见的形状。这些印章还会被凿刻、镶嵌、绘制、浇铸或凸雕于其他许多材料上：赤陶和釉陶[1]，贝壳，骨头和象牙，砂岩和石膏，以及极少情况下还有铜、青铜、银、金等金属。而印度河文字无疑也会被刻在木头上、织进布料和编织品里、刻写在棕榈叶上，甚至有可能被绘制到人体皮肤上。只有半宝石，包括光玉髓和青金石，才不会用于雕刻印章；而这是最令人惊讶的，因为美索不达米亚印章常常以半宝石为原料。

---

[1] 印度河文明应当没有生产出瓷器，但有一些陶器与瓷器具有类似的硬度和光泽度。陶和瓷的主要区别在于原料不同，高温陶也能达到类似瓷器的效果，但很容易烧成玻璃化。

印章背面是雕刻出的球形钮或悬钮，上有可以穿粗绳的孔。这表明印章可能戴在所有者的脖子上，或挂在腰间。大一些的印章可能装在袋子里。出土的印章通常缺失悬钮，有可能是受撞击后断了，因为皂石本身比较软，而雕刻和钻孔又会削弱悬钮的强度；因此，印章有可能自己脱落后遗失在街道上。克诺耶称，"肯定有很多商人伸手取（自己的）印章时，才发现只剩了一个钮"。[14] 丢失印章可是件大事，但我们还不知道印度河先民如何处理；在美索不达米

图 24 背面有悬钮的皂石印章石，出土于摩亨佐一达罗。悬钮上的穿孔可以穿绳，印章可能就通过这种方式挂在所有者身上

亚，会有纹章官公告印章遗失，而且非法使用印章会受到严厉惩罚。印度河印章的设计在成熟期晚些时候得到改进，或许就是因为这一生产上的缺陷。

我们还没有提及印度河印章最重要的部分：图像和字符。它们之间可能彼此相关，而且必定与印章的用途有关，因此我把这部分讨论放到专门探讨印度河文字的第 10 章里。印度河印章艺术在图像上的影响或许是显而易见的，但其语义内涵绝非如此。

第5章 农业

印度河印章图案中有数量和种类都令人惊讶的动物图像，这为印度河文明的农业提供了线索，其中有一些动物形象难以区分或者干脆是神秘生物，不过这也并不出乎意料。出土的动物遗骨同样给出了证明；植物遗存，比如碳化的谷粒、陶器和砖头内留存的植物茎叶和谷粒的痕迹等，也为推测印度河文明农业状况提供了帮助。不过，总体来说，还是"相当的零散"[1]，麦金托什这样注解到，如同以下三个例子所展示的那样。印章中，大象的形象出现得非常多，许多印度河文明遗址（除了哈拉帕和摩亨佐—达罗以外，还有洛塔尔、卡利班甘以及其他遗址）也出土了大象的骨头，但印度河流域的大象到底有没有被驯化依旧是一个有争议的问题。稻米在印度河流域的驯化时间肯定要晚于恒河流域，但现存的证据太少，完全不能确定先民们到底是在印度河文明成熟期之前开始驯化稻米，还是在成熟期，或者最有可能是在印度河文明晚期才开始驯化的——就是在公元前两千纪前期。至于谷物贮存，在梅赫尔格尔的一些泥砖建成的建筑物中发现了贮存谷物的有力证据，但惠勒认为的哈拉帕和摩亨佐—达罗的砖制"谷仓"看上去更像是有一些别的还未确定的功能。

正如我们所知的那样，气候和河道网也有不确定性。很多当代考古学家认为印度河流域古代的气候与现在的气候类似，但他们也承认，印度河和其他河流，比如古娑罗室伐底河，在过去的五千年里产生了巨大的变化，河道和河口三角洲都有相当大的改变。印度河流域的农学家们又是如何应对常变的河流水文条件的呢？

动物考古学家理查德·梅多如此总结这种方法："传统上说，泛印度河谷（Greater Indus Valley）地区的农业并不依赖于精心设计的人工灌溉工程，而是通过周边的地形特征储存或排泄河流洪水，以实现对洪水的操纵。"[2]换句话说，印度河谷的农民们可能是以简单的手段实现存水和泄洪，并建立了存水的堤坝，但他们似乎并不像古埃及人那样在大坝和运河上花费巨大的精力。（另一方面，也许类似的水利设施曾经存在过，但在后世的侵蚀和地形转变中消失了。）桔槔或许就是"简单的手段"之一，这个装置由一个水桶和一个秤锤绕着支点组成，是一种原始的汲水工具，在埃及尼罗河畔很常见。马歇尔认定，摩亨佐—达罗出土的一枚印章上描绘了一个男人使用桔槔的场景，"桔槔的秤锤位于吊杆末端，在这个男人脑后"[3]。尽管图案明显很概略，但他或许是对的。自然，在印度河泛滥平原之外的地方，先民建立水坝和蓄水池以降低河水流速、截留河道水流、存储淡水。有证据证明，在俾路支的山区，有一种叫作"gabarband"的石质建筑，它有点像水坝，拦山谷溪流或小河而建，可以同时截留土壤和水流。在多拉维腊发现了一个相当复杂的存水系统，由石头造的水渠和蓄水池组成，有一个蓄水池深达 5 米，从边缘到池底有 31 级台阶。也许洛塔尔的所谓"造船厂"也是这

图 25　赤陶制还愿物品，出土于哈拉帕，包括瘤牛和一架带轮小车

样一种蓄水设施。

当时，在河中进行淡水垂钓应当是相当普遍的行为，这没什么好惊讶的。许多房子的遗存中出土了铜制鱼钩。当时的人们应当也用了渔网；在哈拉帕出土的一片陶片上就有这样的场景。渔网的配重应当是陶坠，无论是城市还是乡村的定居点，都有这种陶坠出土。在哈拉帕出土了相当多的海鱼骨，这说明当时从沿海地区捕捞的海水鱼可以被运送到相当深入的内陆地区，据此推测这些鱼可能是先晒干再进行运输的。

在前文我们已经讨论过，当时人们在洪峰退去后的两个时节种植谷物，即冬季和露季，以及夏季和雨季（季风季）。有些地方土地肥沃，种子可以直接播撒；有些地方则需要先犁地。目前考古发掘并未出土犁具，但巴纳瓦里出土了一个陶制的犁玩具，瑙舍罗出土了黏土制的牛轭小模型，更有许许多多牛车的陶土模型，这些都证明了犁的存在。另外，考古学家们研究了家牛的遗骨，从中发现了非常典型的病理学特征，这些病征是拉车或犁地等体力劳动导致的。在卡利班甘发现了目前世界上最早的已犁田地，这块田地的遗址上反映出的犁地方法与当地现存的耕作方法颇为相似。人们先以较窄的宽度沿一个方向犁地，然后在垂直的方向上以较宽的宽度再犁一遍。现在，人们在窄犁沟中种硬皮豆（horsegram，学名 *Macrotyloma uniflorum*），在宽犁沟中种芥末，而芥末正是印度河文明种植的农作物之一。不过，现在还没有证据能证明印度河文明时期，卡利班甘地区栽种的也是芥末。

前文也提到了，印度河文明种植的作物多种多样。但是这些作物并不是在同一时间段被培育出来的。印度河文明成熟期的主要作物是小麦、大麦和豆类（pulses），即西亚系驯养作物，这些作物从西欧到印度河地区均有分布。到成熟期晚期，或者印度河文明末期时，人们种植了一些新作物——几种粟米，还有稻子。但古吉拉特地区的人们可能早已开始种植这些"新"作物了，其培育史甚至可以上溯到印度河文明成熟期刚开始的时候。粟米和稻子可以在洪水泛滥后种植，因此比小麦与大麦更能适应季风性气候。它们的种植改变了已有农耕区的作物产量，并开发出了新的耕地。

据推测，粟原产自非洲，约公元前四千纪由阿拉伯人驯化。粟米通过阿曼与印度河文明的贸易通道，从阿拉伯半岛传播至印度河地区。今时今日，在印度次大陆，粟的印地—乌尔都语名称已是耳熟能详，如"jowar"（高粱，*Sorghum bicolor*）、"bajra"（珍珠稷，*Pennisetum typhoideum*）和"ragi"（龙爪稷，*Eleusine coracana*）。波赛尔这样写道：

> 这些作物[粟]的重要性在于，它们是夏季作物，可以在西南季风地带丰产，而小麦和大麦是冬季作物，在季

风地区并不高产。因此，粟可以让粮食作物实现一年双收甚至全年产出。对史前食物供给来说，粟即便不是举足轻重的，也是非常重要的。[4]

如前文所述，印度河文明先民何时开始培育稻米是个更复杂的问题。许多关于印度河文明的书籍，包括马歇尔 1931 年的那本学术研究著作《摩亨佐—达罗与印度河文明》，都没有提到稻米，或者只是一笔带过，因为大家认为能证明印度河先民培育稻米的证据太微不足道了。一个使问题更加复杂的情况是，稻米原本就是南亚

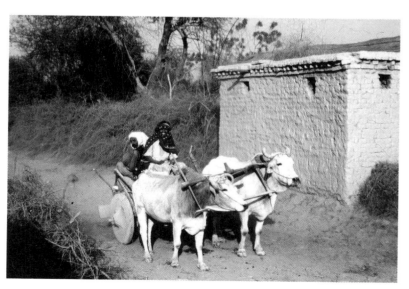

图 26 印度河谷的牛车

和东亚部分地区的原生物种，印度河流域和恒河河谷地区就包括在内；换句话说，在被人类驯化之前，它原本就生长在这片土地上。在古吉拉特、洛塔尔和伦格布尔（Rangpur），印度河文明的陶器里发现了烧焦的稻米壳，陶器上也留有稻米壳和叶子的痕迹。但是，从一些学术研究——至少是从内奥米·米勒（Naomi Miller）的研究结果看，这个事实并不能推定出稻米的驯化。米勒认为，这些"稻米"是野水稻，在这片草场上进食的牛群把它们吃下去，将稻谷壳和草叶通过粪便排出，当时的人们捡拾牛粪做燃料或做陶器的控温材料，才产生了陶器上的痕迹。

稻米的驯化或许是在不止一个中心地完成的。麦金托什认为，遗传学证据显示，稻米的驯化地在亚洲至少有两个："东亚的一种多年生野水稻产生了短粒的粳稻（japonica）种系"，而在南亚，"一种一年生的野水稻产生了长粒的籼稻（indica）种系，后来传播到了东南亚和中国"。[5] 稻米在南亚的驯化可能早在公元前 5000 年就在恒河谷开始了，恰克拉巴蒂认为，这一进程开始的"或许更早"，不过可以肯定的是，公元前三千纪人们已经在驯化稻米了。[6] 然而，稻米在印度河谷内何时开始被驯化，这一进程又是否受到恒河河谷内统一进程的影响，还不是十分清楚。"尽管在哈拉帕，大米或许存在"——当地出土的陶器和砖块中发现了稻壳，"但总的来说，能证明印度河地区种植稻米作为粮食作物的证据是有限的"，麦金托什谨慎地写道。[7]可以想象，稻米驯化的开端，是先民将野水稻种子播撒到印度河洪水退去后在河谷低地处产生的湿地上，而不像今天的大米种植者那样，可以利用门杰尔（Manchar）人工湖边因蓄水变化产生的湿地，这个人工湖坐落于印度河以西，是 20 世纪 30 年代苏库尔水坝（Sukkur Barrage）建成后形成的。无论稻米的驯化是如何开始的，印度河文明成熟期末期，约公元前 2000 年或更晚，胡拉斯

图 27 这枚印章出土于摩亨佐—达罗，由皂石制成，上绘有瘤牛的形象

（Hulas）出现了籼稻种系最早的、不可置疑的育成品种。胡拉斯位于恒河—阎牟那河地区，是印度河文明的一个东部定居点。

印度河文明时期，有数量繁多、品类丰富的各种动物，这一点可以从印章图案、陶器上的绘画、陶土小模型以及骨头化石看出。出现在印章图案上的真实物种有瘤牛（*Bos indicus*）、家牛（*Bos taurus*）、水牛（*Bubalus bubalis*）、印度野牛（*Bos gaurus*）、印度独角犀（*Rhinoceros unicornis*）、老虎（*Panthera tigris*）、亚洲象（*Elephas maximus*）及以鱼类为主食的恒河鳄（*Gavialis gangeticus*）。没有出现在印章图案中，但却在其他艺术形式中出现的真实动物包括熊、狗、兔、猴、鹦鹉、孔雀、猪、公绵羊（ram）、松鼠等，还有一些鸟类，但因为绘制太过粗糙，难以辨认其具体种类。举例来说，摩亨佐—达罗出土了一件陶制鸟模型，尾巴长且大张，眼部以椭球形表示，这可能是一只孔雀，而在强胡—达罗的陶器上，它就被画得相当简单。（楔形文字文献记录称，美卢哈盛产"haia 鸟"，这种鸟的叫声"可以充满整个皇宫"，或许就是指孔雀。）令人惊讶的是，山羊几乎没有出现，不过它的野生形态——野山羊和捻角山羊都出现了，引人注目的羊角相抵互斗。完全没有出现在印章中、也没有出现在任何其他艺术形式中的动物是马和骆驼。有一种长有独角的、让人摸不着头脑的动物频繁出现在印章上（摩亨佐—达罗超过 60% 的印章和哈拉帕大约 46% 的印章上都有这种动物），同时这种动物的小陶像也有出土（哈拉帕、摩亨佐—达罗和强胡—达罗都有）。学者普遍将其称为"独角兽"，古希腊作家认为这是源自印度传说中的一种生物；它的动物学"原型"受到广泛争议——如果确实有这样一个"原型动物"存在的话。在马歇尔看来，出现这种动物的印章并不怎么写实，可能说明"独角兽"是一种并不真实存在的神话生物。

毫无疑问，牛、山羊、绵羊和狗早已被驯化。牛——这里所说的"牛"包括瘤牛、家牛和水牛——是最重要的家养动物。印度河文明出土的牛陶像中，牛背上的隆起[1]和牛头上的角区分了不同的品种，克诺耶基于这些小陶像的特点和当前印度河地区牛的分布，这样写道："这些迥然不同的牛类适应不同的栖息地，或许被印度河先民以不同的方式利用。"他进一步解释说：

现在在泛印度河谷地区发现的几个品种，都经历了人工选育和环境适应，而这两个进程可能在印度河文明进入城市阶段时，甚至比这还要早的时候，就已经开始了。在中部平原发现的牛都有较大的背部隆起和中等长度的角，而古吉拉特地区和信德部分地区发现的牛，背部隆起

---

[1]　此处指瘤牛背上的"瘤"。

更小，角也是相对扁而宽的。这两套不同的特征都适应于当地的高温，且它们迟缓的步态在拉犁和拉牛车时反而很有用。在山麓和高地地区发现的牛普遍角小、无背瘤，并有一系列杂交种，这让它们可以方便地在多石的山地斜坡上取食。它们很适应山地环境，因此很有可能被当作有用的驮兽。平均每个驮夫可以在山地上运输 20 公斤的货物，而这些牛能运送的货物要多得多。[8]

相比之下，水牛就更适应河流附近的湿地环境。它们皮肤相对无毛，需要时常在泥地里摸爬滚打。尽管水牛也可能被用来拉车和犁地，但它们更可能用来产奶，拉维河附近的一片区域现在就是这样的农业生产方式，而这片区域离哈拉帕并不远。萨希瓦尔（Sahiwal）的水牛品种久负盛名，就是因为那里的水牛产出的牛奶中，脂肪含量比一般的牛所产的高得多。或许萨希瓦尔水牛在古哈拉帕时期也很有名。

在诸多遗址地点都出土了山羊（*Capra hircus*）和绵羊（*Ovis aries*）的遗骨，清晰地证明了这两个物种已被驯化。在哈拉帕，山羊的遗骸相对较少，而绵羊的遗骸非常丰富。克诺耶认为，这些绵羊骸骨尺寸较大，说明当时的人们是为了获得羊肉和羊毛而饲养它们的。然而，能够直接证明印度河流域先民养羊取毛的证据并不充足。例如，在前文提到的已腐化的织物遗存中，没有检测到羊毛；印度河文明中也不像美索不达米亚文明那样，有对长着长毛的绵羊以及羊毛织物的描绘；也没有发现毛梳（用于从山羊和绵羊身上获取羊毛）或纺锤（用于纺织羊毛）一类的器具，这些器具在欧洲则有出土。此外，巴拉科特（Balakot）是印度河文明沿海定居点之一，这里也出土了绵羊遗骸。在分析过这些绵羊骨头之后，人们发现，公绵羊往往长不到生产羊毛的最佳年龄，就被早早宰杀了。也许印度河文明的先民们确实使用了羊毛，但更倾向于从美索不达米亚进口，而不是在本地生产。

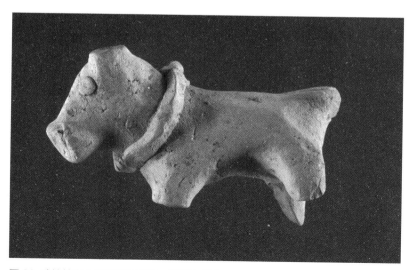

图 28 哈拉帕出土的陶制狗塑像，脖子上戴着项圈。这暗示了狗的驯化

狗（*Canis familiaris*）在印度河文明的家庭生活中极为常见，这一点可以从考古发现的遗骸和图像中得到证实。在摩亨佐—达罗的一所房屋中，出土了一副狗骨架。研究过这幅骨架后，动物学家们这样说："现在，在印度的每个村庄里，都家养或散养犬只，这种狗也在遗址周围生活着。出土的遗骨与这一犬种的骨骼并无二致。"[9]1931 年马歇尔的考古报告中记录了这个结论。在出土的小雕像和小塑像中，狗常常戴着项圈；其中，有一只很明显是宠物狗，另一只则是做乞讨动作的表演犬，另有一只斗犬，还有一只似乎是猎犬——它的嘴里叼着一只猎物。也许，印度河文明的猎人们捕捉、训练，甚至曾经出口野生的红狗（red dog），因为在楔形文字中，提到了美卢哈来的"斑点狗"或"红狗"。在出土文物中，有一块强胡—达罗的砖块，当它被放在阳光下晒干时，一只狗追着一只猫跑过，在上面留下了一串脚印，这些脚印随砖块保留至今。不过，现在还不能确定，猫是否也像狗那样被驯化了。

印度河流域的先民猎杀大象以获取肉和象牙，这几乎是板上钉钉的结论。他们把获得的象牙雕刻成装饰品、赌博用品以及镶嵌物。在出土印章和其他图像中，大象的形象基本不与人类骑手一同出现。这也许说明，当时的人们并未将大象用于重劳动——与我们所熟悉的历史上的印度正相反。不过，有一枚印章上的大象背上有一块布料，可能是一种披挂。在哈拉帕出土了一个栩栩如生的陶象头，

图 29 哈拉帕出土的一个陶制象头。在这个象头的脸部有彩色颜料的痕迹，令人联想到当代南亚地区在大象脸上涂色的习俗

可能是一个玩具或者陶偶。这个象头上残留着颜料的痕迹，红色和白色的条纹横贯大象脸部。这种装饰不禁让人联想到印度现存的传统，在节日场合或宗教仪式上，人们也会给大象脸上画纹饰。因此，印度河文明也可能已经驯化了大象。

大多数考古学家认为，旁遮普地区是印度次大陆最早驯化马（*Equus caballus*）的地方，时间在公元前 1700—前 1500 年，有确凿的考古证据支持，不过这个时间比印度河文明消失的时间还要晚。而一小部分研究者力争，马在印度河文明成熟期就已经存在了。这部分研究者大多来自印度，其中就包括恰克拉巴蒂和 S.P. 笈多（S. P. Gupta）。对印度教民族主义者而言，马的驯化具有政治意涵。因此，对于印度次大陆居民到底什么时候驯化了马匹，各方争论不休。印度河文明成熟期没有出现马的明确图像，不过如果出土了马的骨头，也能让人信服。梅多对出土的马科动物遗骸进行了详细研究，他认为，这些来自印度河文明成熟期或更早时代的骨头，最可能是中亚野驴的而不是马的。中亚野驴又叫蒙古野驴[1]，对于非专业人士来说，长得很像现在的驴子。中亚野驴是生活在南亚北部的本土物种，但马[2]的祖先是普氏野马（*Equus przewalskii*），生活在乌克兰到蒙古的草原地带。麦金托什指出："从形态上讲，[中亚野驴和普氏野马]这两个物种很相似，通常很难区分它们的骨头。"10

现在，我们对印度河文明可以利用的植物和动物有了一个大致的概念。当时的人们如何食用这些动植物呢？很可惜，这方面的证据相当稀少。举例来说，遗址中发现了少量古蔬菜的遗存，但就像克诺耶说的那样，"没什么精心烹饪的痕迹保留下来"。因此，要重现印度河文明的食谱，就只能依赖于已知的当时城市菜市场中可能有的食物种类，以及原产于印度次大陆的蔬菜、水果、坚果、蜂蜜等的相关知识。

---

[1] 蒙古野驴（*Equus hemionus*）中文学名为中亚野驴，有五个亚种（其中一个已灭绝），指名亚种为蒙古野驴（*Equus hemionus hemionus*），英文"onager"取自波斯亚种（*E. H. onager*）的亚种名并指称整个物种。

[2] 英文在这里强调了"家马"（domestic horse），但中文并不会这样指称"*Equus caballus*"这一物种。

图 30　南亚草原驴，即中亚野驴。这种野驴外观看上去与驴子相近，但骨骼与马的祖先很像。印度河文明遗址中出土了野驴的遗骨

　　克诺耶猜测道："小麦应当是大部分饮食的基础，但烤大麦、炖煮或油炸的兵豆、鹰嘴豆粉、烘焙过的植物块茎以及种类众多的野生谷物也可能用来制作主食"——或许还包括大米。"肉类的烹饪方法可能有烘烤、炙烤、炖、炸，甚至可能与草药和香料混在一起剁成肉馅。"[11]

　　肉馅中具体使用的草药和香料基本只能靠推测，北印度可能用的是野生的罗勒、芜荽、大蒜、洋葱、姜、姜黄、肉桂、葫芦巴和小茴香，南印度则是丁香[1]、小豆蔻、肉豆蔻和各种黑胡椒。但是，我们千万不要认为，公元前三千纪前后的印度河流域先民们没有办法获得这些在吠陀文书中出现的、在后世大受欢迎的香料。在古代，无论是地中海地区、美索不达米亚平原还是整个亚洲，远途运输是相当值得注意的，不过现在的人们有些忽略这一事实。如果美卢哈在如此遥远的古代就能与美索不达米亚进行成功的贸易往来（事实确实如此），那么在印度河文明的临海定居点，比如洛塔尔和多拉维腊，可以方便地经由阿拉伯海的航路抵达南方的印度半岛沿海地区，因此，在这些地方出现南印度的香料也并非不可能。可以想象，即便在内陆地区如哈拉帕和摩亨佐—达罗，印度河文明的厨师们也可以用次大陆"舶来品"为他们的菜色调味。

---

[1]　这里指的不是观赏用的紫丁香（lilac, *Syringa oblata*），而是可以入药、做香料的丁子香（clove, *Syzygium aromaticum*）。

第6章

貿易

印度河文明的贸易事业分布得相当广泛。在每年的季风雨季结束后，山区的山体滑坡停止、平原上肆虐的洪水退去、泥泞的道路变干、人畜可以通行时，人们才能把商品从偏远的腹地或毗邻城市的区域转运到城市中。在印度河谷当地，瘤牛牵拉的牛车队运送重型货物，运输工挑着扁担运送相对轻一些的、装在筐里的货物。从印度河谷以西的高地和高原上，以牛、绵羊、山羊（而不是骆驼和马）为驮兽的商队运来铜、宝石、羊毛、水果和坚果。此外，与印度河谷进行远途贸易的地区中，西有俾路支的部分地区、东有拉贾斯坦地区的阿拉瓦利山脉（两地都是铜矿石产地），沿海有古吉拉特海岸地区和莫克兰海岸（海贝的来源），还有马哈拉施特拉北部（光玉髓开采地）和阿富汗（青金石的主产地）。经由商船，印度河文明与更遥远的地区进行贸易，在波斯湾和美索不达米亚平原出土了印度河文明的珠宝、砝码、印章，还有其他物品。在公元前2300年左右的一篇楔形文字铭文中，当时的阿卡德统治者萨尔贡王夸耀称，在底格里斯河以东、王国的首都阿卡德，云集了来自迪尔蒙（Dilmun）、美根（Magan）和美卢哈的商船。据推测，迪尔蒙对应的是今天的巴林，美根可能是今天的阿联酋[1]和阿曼，而美卢哈指的就是印度河谷地区。

---

[1]　英文原文写的是"Makran"，但很明显并不可能。根据考古学家推测，铭文中的美根（Magan 或 Makkan）文明在现在的阿联酋和阿曼境内。

印度河文明的贸易网将一件货品从出产地运送到很远的地方。前文已经提到，南部古吉拉特沿海地区出产的海鱼被运到哈拉帕。在强胡—达罗、摩亨佐—达罗、哈拉帕，甚至北至今天阿富汗北部边境的肖尔特尕伊，都发现了马哈拉施特拉北部出产的光玉髓——这种宝石也理所应当地出现在美索不达米亚。许多原材料，例如铜矿石、皂石、贝壳，并不只有一个原产地，多个原产地并存的情况促进贸易网络发展、扩大，并刺激了经济发展和竞争。四五千年前那些无名的贸易人横渡河流，翻山越岭，穿越沙漠，甚至远渡重洋，现在很难想象出他们到底面临多少挑战和艰险。普通的印度河文明居民，特别是那些住在农村里的，最多只需要离家几公里就能下田劳作、喂养牲畜、为生火或建筑砍柴伐木，但他们或许也曾目睹从数百公里外的某个中心城市跋涉而来的旅者们，或目送他们返回遥远的城镇。

举个例子，坐落在阿姆河畔的肖尔特尕伊距离哈拉帕超过 600 公里，距离摩亨佐—达罗约 1000 公里，距离洛塔尔的港口更有 1500 公里之远。然而，它却是一个相当完备的定居点，实际上是印度河文明的一个殖民地。毛里西奥·托西（Maurizio Tosi）在自己的文章中称，"（这里）完全具备了哈拉帕式建筑群的所有标准特征"[1]。1976 年这一遗址被发现，发掘者们在遗址中找到了光玉髓珠和青金石珠、铜制品、陶偶和陶车模型、贝壳串成的手镯，以及一枚有犀牛图案的印章。建筑所用的砖块的长宽高比例完全依照典型的印度河文明比例[1]。考古人员发现了一块被犁过的田地，里面撒有亚麻种子，还有灌溉水渠，说明那时这里已有农业。然而，肖尔特尕伊处在这样遥远的位置，说明它存在的真正意义（raison d'être）也许并不寻常。一开始，它可能只是一个贸易地点，用来交易阿富汗北部出产的矿产，主要有青金石和包括金在内的金属。

人们如何控制和运作这样一个庞大的贸易网络？目前并没有证据证明印度河文明曾经铸造钱币；而学界尚未对印章上文字的解读达成一致，也就没有办法像苏美尔文字那样，把印度河文字中的任何一个符号划归为货币的表示方法。在苏美尔文字中，一个斧子的象形图代表"gin"，在苏美尔语中，这个词即指斧子，也指"谢克尔"这个货币单位。不过，虽然有些模棱两可，但从印章图像和砝码中，能找到确凿的证据证明印度河文明贸易体系受到管理，图像和其他原始资料中还能找到体现贸易运输途径的更清晰的证据。

在洛塔尔，考古学家们发现了超过一百枚泥签，这些泥签上面都盖有印章。泥签出土地曾发生的火灾焚毁了旁边的一座大房子，不过这些泥签却因祸得福得以保存下来。在这些印章的图案中，最

---

[1]　即前文提到的 1:2:4 的比例。

图 31 洛塔尔出土了一枚印有印章的泥签，印章中有大象的图案。这枚泥签因受火烧而得以保存下来

常出现的是独角兽，其次是大象和一些卍字符[1]。最具启发性的一点在于，有许多泥签上盖着不止一个印章，甚至有几个盖了四个印

---

[1] 卍字符，音"万字符"，中文语境中也多以"万字符"称呼这种符号，本书正文均写作"卍字符"。万字符有左旋（卍）和右旋（卐）两种，很早便出现在欧亚大陆各地，并有吉祥、光明、安康之意，有学者认为古代印度—雅利安人是最早使用这种符号的人群。英文中称其为"swastika"，来自梵语 सवस्तिक（svástika）；印度教中将右旋万字（卐）称为"swastika"，而将左旋万字（卍）称为"saustika"。后来因希特勒认为德意志民族是雅利安人的后裔，便将旋转 45° 的右旋万字符作为纳粹的标志。本书第 8 章还会再讲到这个符号。

章。一般来说，新的印章会覆盖前一个印章上的动物图案，但在某几个泥签上，独角兽的角和同样的文字重叠出现，很明显是重叠盖了几个独角兽图案的印章。克诺耶认为，根据这些盖有多个印章的泥签，可以对印度河文明贸易的组织方式做出两种不同的解读。一种可能性是，在单一一项商业交易中，存在着不同（可能多达四个）的所有者；另一种可能性则是，在某包货物得以进口或出口前，需要数位官员（也许是海关官员？）对其内容物进行查验和核对，然后才可以放行。

对砝码用途的一般性解读是，较轻的砝码用来称量贵宝石、金属、香水以及其他价值极高的物品，在日常商业交易中使用；较重的砝码用来称量大宗商品，比如谷物。然而，克诺耶提出，这种解读并不适用于印度河文明，因为印度河文明定居点中几乎没有发现

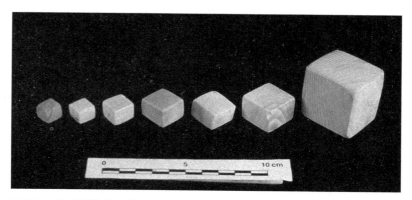

图 32 一套七枚燧石制砝码，出土于阿拉迪努。砝码系统体现了一个复杂的经济体系

砝码。他辩称，这些砝码应当用于税收：

> 通过最近对哈拉帕的发掘可知，城门入口处发现的砝码最多，此处应当是入城货物称重、计税的地方。较小定居点中的税收员或村中耆老应当只需要一两套砝码，以对珍贵的商品或出产征收税贡。最后，最大的砝码都仅出土自城市中心，这与称量周边村落和市镇上缴的贡物不谋而合。[2]

下面来看运输途径。从出土的玩具车和现在印度河谷地区使用的推车来看，印度河文明的先民们可能设计了牛车用于平原运输。陶土制成的玩具车并非只有单一的设计：有些玩具车的车板和车斗侧边是固定的，有些则由空车架和利用孔洞拆装的侧边组成。印度河文明真实的车子应当都是由木头制成，可能配有皮革和筋腱制成的轭具。在克诺耶看来，与现在信德地区仍然在使用的牛车相同，当时车子上安装的沉重的轮轴和硬质车轮是一体转动的："这种简单的结构相当适合在广袤的沙地平原上使用，在这里，车辆转大弯是常态，也没有人会被吱扭作响的轮轴吵到。"[3]哈拉帕遗址的街道上保存了车辙的痕迹，由此可知当时实际使用的运输车的轮距是 1.6 米，最多或可运送重达 1870 千克的货物。

鉴于印度河文明与美索不达米亚文明进行了海上贸易，船只是不可能不存在的，但至今尚未发现任何船只的考古遗存，有可能是因为船只的制造材料易腐，又存放在河边而非城镇内。不过，哈拉帕出土了内河船只的黏土模型，在摩亨佐—达罗出土的一枚皂石印章和一件陶护符上，还清晰地留着船只的图案。这些船只与今日信德地区印度河上航行的传统木制船屋类似，底部平坦，甲板上有船舱，船头船尾翘起，并配有一对长舵桨或短桨[1]。这种船适合在浅

图 33 船只的图案出现在一枚未过火烧制的皂石印章（上）和一只陶护符（下）上，这两件文物均出土于摩亨佐—达罗。这些船的两个船头高高翘起，船体中心位置有船舱，配有双船舵；陶护符上的船只的甲板上还停着鸟儿

[1] 长舵桨原文为"steering oar"，短桨原文为"paddle"。"oar"指的是杆长、仅一头扁平的桨，而"paddle"指的是杆短、一头或两头均可有扁平部分的桨。

水区运送货物，且不需要码头或船坞。但即便印度河文明已出现了
适宜制帆的纺织纤维（比如棉花），这种船上却并没有安装船帆；此
外，据那件皂石印章的发掘者麦凯所说，船体似乎是由芦苇（而不
是木头）制成的，然而这枚印章上的图案较为模糊，并不能下定论。
如果当时的人们确实使用芦苇作为船体的主材料，那么他们应当
会用绳子把芦苇捆扎起来制作船体；绳子的材料也许是石茅（baru
grass, *Sorghum halepense*），现在古吉拉特地区的人们仍然会在造船
时使用这种本土植物。尽管目前还没有证据显示印度河文明的船只
中使用了沥青，不过芦苇船体上还是可能会涂抹沥青以防水（就像

图 34 摩亨佐—达罗附近印度河上的船坞，安有桅杆。摄于 1971 年

摩亨佐—达罗"大浴室"里使用的砖块那样）。这种防水措施可见于阿拉伯半岛沿海的诸多地区，但在有记录的年代里，南亚地区的船只并无使用沥青的记载。没有沥青，一只芦苇船可能在几个月后就开始腐朽——进一步解释了为什么没有船只残迹留存至今。

这种芦苇制的内河船在大海上到底能航行多久是个非常有争议的问题。索尔·海尔达尔（Thor Heyerdahl）证明，一条芦苇船可以在海上航行五个月之久。1977—1978 年，他驾驶着一艘在伊拉克制成的芦苇船（底格里斯号），航行到了巴基斯坦的印度河三角洲，又驶回红海，最终这艘船在非洲海岸上的吉布提完成了自己的使命。海尔达尔确信，麦凯发掘出的印章上描绘出的印度河船只，展现出"芦苇船上典型的横向捆索"[4]。经过在底格里斯河中的测试，海尔达尔发现沥青并不能防止芦苇船进水，反而只会增加船身重量，因此他没有在"底格里斯号"上涂抹沥青。几乎可以肯定，通过在卡奇地区数不胜数的水道上行船，印度河文明先民们获得了经验，确定了自己的船只可以在什么水域、何种航道航行。此后，他们有可能驾驶帆船沿着莫克兰海岸线航行，前往波斯湾，最终抵达美索不达米亚的城市；在那里，他们更换新船并原路返航。往返过程中，他们一路沿航线进行贸易，这种近岸航行和贸易一直延续到现代，被称为"沿海贸易"（cabotage）。海洋史学家、水手布莱恩·费根（Brian Fagan）这样写道："他们以多次、短途的方式航行，每年的路线都一样。海上刮强劲的西南风时，他们停靠在岸；待温和的东北风吹起，他们再顺风沿近岸航线向西或向东航行。"[5] 经过长久摸索，在公元前 2 世纪，水手和商人们才终于摸清远海航行的方法，利用西南季风和东北季风，一年一度地往返于红海和印度之间。如果印度河文明的航行先驱者们离开莫克兰海岸太远，他们也许会利用鸟来导航，摩亨佐—达罗出土的陶护符上就出现了这样两只鸟的图案。水手们应当会放飞一只鸟（或许是一只乌鸦），这样它就会飞向最近的陆地。

在航行至阿拉伯海之前，平底的印度河船是否已经变形成海尔达尔驾驶的那种新月形的芦苇船？它们是否像"底格里斯号"那样，抵达了遥远的东非海岸？没有人知道答案。但是，公元前三千纪至公元前两千纪早期，粟米经阿拉伯半岛被引入印度河流域，而其原产地可能是非洲，这让人不禁猜想，或许这些粟米最初就是船员们的食物，随着他们从非洲返回波斯湾。另一件有意思的事情是，前文提到的公元前三千纪至公元前两千纪早期美索不达米亚铭文中的"美卢哈"，指称的可能是印度河地区，而在公元前 15 世纪前，就在印度河文明衰退后，这个名字被转用于称呼埃塞俄比亚。印度河流域和美索不达米亚平原间的海上贸易始于印度河先民，而非美索不达米亚人，这是相对可以确定的。因为，并没有证据证明，在公元前三千纪中期，美索不达米亚的船只——像海尔达尔的"底格里

斯号"那样的船——曾经从美索不达米亚出发航行到美卢哈；莫克
兰海岸上的船运全都是相反方向的。麦金托什注意到，"我们知道，
印度河文明的商人们航行去往美索不达米亚，但美索不达米亚的船
只并未离开过波斯湾的边界。这个事实暗示人们，适合航海的船只
是印度河文明的发明"。[6]

　　在美索不达米亚发现的考古学证据毫不含糊地证实了这一贸易
的存在，但这些证据也有问题。这些证据主要包括光玉髓珠（经过
钻孔和蚀刻加工）、砝码以及印章，都能轻松地归为印度河文明的
产物。

　　美索不达米亚平原的乌尔城出土了一枚由黄光玉髓制成的砝
码，为 1.85 厘米 ×1.85 厘米 ×1.80 厘米的立方体，略有斜角，重
13.5 克，与印度河文明遗址发现的大部分普通砝码极为相似。在
其关于印度河—美索不达米亚贸易的论文中，西琳·拉特纳格尔
（Shereen Ratnagar）这样写道："它的材质、形状、重量都确凿地指
出，这是一枚 [印度河文明] 砝码，而实际上，在强胡—达罗发现
了与它（在尺寸和重量上）几乎一模一样的物品。"[7] 她得出结论，
这枚印章或许表示当时曾有一个印度河文明的商人在乌尔城经商。
第一份关于美索不达米亚出土的印度河印章的报告，就发表在马歇
尔于 1924 年宣布发现印度河文明之前。1923 年，阿海米尔丘（Tell

Ahaimir）[1]出土了一枚神秘的印章，上面刻有一头牛的图案和一个由三个字符组成的铭文，此地原属古基什。甚至更早一些，在第一次世界大战前夕，巴黎卢浮宫就购得了一枚保存良好的泥印，上面印着相似的图案和一个由六个字符组成的铭文；据卖家说，这个泥印出土于美索不达米亚平原南部一座未发掘的遗址，这个遗址现在被判定为乌玛城（Umma）。此泥印看上去是用来封一个罐子的，因为泥印背面有"蒙在罐口、以绳子绑住的蒙口布的清晰痕迹"，托西这样认为。[8]泥印的真正价值在马歇尔宣布发现印度河文明后才显露出来。1931 年，马歇尔出版了《摩亨佐—达罗与印度河文明》一书；鉴于这枚泥印与英国在印度河谷进行的研究有关，卢浮宫在同年将它捐给了牛津的阿什莫林博物馆（Ashmolean Museum）。

另一方面，证明印度河—美索不达米亚贸易的确凿证据并没有考古学家们期望的那样多。尼森（Nissen）称其为"匮乏的考古学记录"[9]。比如，美索不达米亚及与其相邻的伊朗（苏萨）和波斯湾地区总共只出土了十四枚印度河砝码，其中乌尔城仅出土一枚。算上早期的发现，美索不达米亚一共出土了二十枚左右的印度河印

---

[1] 阿拉伯语中，ﺗﻞ（*tell*）指山丘、小丘，所以"Tell Ahaimir"可意译为"阿海米尔丘"。本书译文中尽可能将地名中"tell""tepe""depe"一类词汇还原为其"丘""土丘"的本意，再加翻译；有些学者会在中文中省略"丘"的翻译，而直接将地名中真正为"名"的部分音译，此时"Tell Ahaimir"便会被直接译为"阿海米尔"。

章，其中九枚断代为阿卡德时期（公元前 2334—前 2154 年），两枚断代为伊辛和拉尔萨（Isin and Larsa）王朝时期（公元前 2000—前 1800 年）。此外，位于波斯湾的法伊拉卡和巴林诸岛屿上出土了超过一百枚"海湾型"（Gulf-type）圆形图章，许多图章上的图案都是一头野牛（bison），正面有印度河文字铭文，背面则是印度河风格的背钮，它们的历史可以追溯到公元前 2100—前 2000 年。几乎可以肯定，波斯湾——特别是迪尔蒙（今巴林）——在当时是一个至关重要的商业枢纽。

这些考古证据也比较复杂，因为有一些文物上存在着并非印度河文明的元素，可能是在融合了美索不达米亚当地的文化后产生的。举例而言，美索不达米亚出土的一些光玉髓珠上刻有楔形文字，但印度河地区出土的光玉髓珠上从不会刻印度河文字。（其中两枚珠子是阿卡德王舒尔吉[1]供奉给宁格尔女神[2]的，是他攻打苏萨[3]的战利品。）之后出现的"迪尔蒙型"图章是模仿前文所述"海湾型"图章发展而来的，上面的图案受美索不达米亚雕刻影响，而不是印度河风格，并且也没有任何铭文。整体上看，印度河—美索不达米亚印章"可能是某个受印度河文明和苏美尔文明双重影响的地区的

---

[1] 即 Shulgi。

[2] 即 Ningal，是苏美尔神话中月亮神辛（Sin）的妻子。

[3] 即 Susa。

产物"，亚述学家 C.J. 加德（C. J. Gadd）早在 1932 年就做了这样的推论。[10]

　　其他的楔形文字铭文提供的线索比较模糊。如果像大部分人接受的那样，把楔形文字中的"美卢哈"认定为印度河文明，那么印度河地区是美索不达米亚奢侈品的来源地之一这个事实就很清楚了。恩基（Enki）和宁胡尔萨格（Ninhursag）的故事是一则非常著名的苏美尔神话，其中提到美卢哈产光玉髓。[1] 拉格什（Lagash）王古地亚（Gudea）于公元前 2144—前 2124 年在位，他的一则铭文中提到，在建造位于拉格什的主庙时，用到了光玉髓、金屑以及其他美卢哈来的奢侈品。据帕尔波拉判断，这些奢侈品中可能包括水牛，是进献给阿卡德王萨尔贡的皇家礼品。之前已经提到，萨尔贡王在首都阿卡德接待了来自美卢哈的商船。并没有文字记录能够说明这些船上载有水牛，但帕尔波拉论述称，水牛见于印度河印章而不见于美索不达米亚艺术，直到两地开始贸易，水牛才出现在美索不达米亚的艺术作品中。公元前 2300 年左右，水牛突然取代了

---

[1]　恩基是苏美尔神话中的水神、智慧之神、造物神、工匠神、恶作剧之神；宁胡尔萨格（意为"圣山女士"）是古代苏美尔的山川母神，也是苏美尔七大神之一。这两位神灵的神职、别名、名称含义及相关故事暂且按下不表，在某一版讲述两人神话传说的文字中（他们的故事有多个版本）提到，恩基向迪尔蒙赐福："愿美卢哈之地为你 [带来] 诱人的珍宝光玉髓……"可参见 S. N. Kramer, The Sumerians: *Their History, Culture, and Character,* Chicago: University of Chicago Press, 2010, p. 279。

野原牛（aurochs bull）出现在美索不达米亚艺术中关键的"比斗"画面中，而这恰恰在萨尔贡王漫长的统治时期内。在此时期的一幅"比斗"画面中，一个战士（或许就是国王）刺穿了一头野兽，以彰显他的力量。如果帕尔波拉的理论是正确的，那么从印度河谷来的商船一定足够宽敞和结实，才能够运送水牛这样的大型动物。

印度河地区来的商人和工匠是否曾定居在美索不达米亚？证据依旧不够充分，但已经能很明显地表示出他们曾经定居于此。首先，肯定是当地的印度河工匠使印度河风格与本地审美相融合。多面切割的有孔光玉髓珠和梨形带装饰光玉髓珠都是美索不达米亚独有的款式，也许是在本地需求下产生的。克诺耶写道："这些线索说明，印度河谷来的商贩或贸易人可能在乌尔这样的城市内开设商铺，销售自己的产品，并根据当地市场需求加工生产。"[11] 乌尔城的发掘者伦纳德·伍莱（Leonard Woolley）也认同这一观点，他在自己的《"迦勒底的"乌尔》（Ur "of the Chaldees"）一书中这样写道："最晚在阿卡德王朝时期，苏美尔和印度河谷间的贸易就已经发展到了相当的规模，美索不达米亚可能已经有了来自印度河谷的代理商。"[12]

文字证据也支持这种观点。数件可以追溯到公元前 3000 年的楔形文字铭文都将一个村庄称为美卢哈，这个村子位于美索不达米亚南部，在拉格什附近。要么这个村子叫美卢哈，要么就是那里的一些人被称作美卢哈；后一种推测更有可能，因为那个村子还有个名字叫古阿巴（Guabba）。这个村子有 4272 名女性和 1800 个孩童，都在拉格什做织工。这个"美卢哈村"可能是来自印度河文明的织工流徙海外后的定居点，他们在印度河文明与美索不达米亚的直接贸易开始衰落时定居于此。来自萨尔贡王时期的一枚柱形阿卡德印章或许更能说明问题。这枚印章上的图案描绘了一个可能是国王或者宗教长老的显贵人物，正坐着接见两个站着的来访者。一个留着胡子的侏儒出现在这个显贵人物的膝盖上方，扭头面对着他。第一个来访者看上去在以手势向坐着的显贵致意，那手势与侏儒的手势一样。印章上的楔形文字释读如下："*su-i-li-su / eme-bal me-luh-ha*"，翻译为"Su–ilisu，美卢哈语翻译"，这或许是那个侏儒的名字（也有不同观点）。可惜的是，我们并不知道任何其他关于"Su–ilisu"的信息。赖特推测认为，"我们可以想象，他和其他美卢哈人一样，也与美索不达米亚建立了某种密切的联系"，也许他一开始是一位来自印度河地区的商人，学习了如何说阿卡德语，然后就"干起了翻译这个新活计"，为他的美卢哈商人同胞们翻译。[13] 相对应地，他也有可能是说阿卡德语的本地人，发现了学习美卢哈语言所带来的商机。无论是哪种情况，这个独特的印章都为学者们带来一丝希望，也许未来的某一天，美索不达米亚会发掘出解读印度河文字的"圣杯"：一枚同时写有楔形文字和印度河文字的双语印章。

　　如果在美索不达米亚发现这种铭文的概率很小，那么在印度

图 35 印度河文明—美索不达米亚文明的交流。这枚阿卡德柱形印章（左上）出自萨尔贡王时期（公元前 2334—前 2279 年），其印文（右上）和印文的线描图（下方）中可见楔形文字铭文："Su-ilisu，美卢哈语翻译"。美卢哈是阿卡德语中印度河谷的名称

河地区发现类似铭文的可能性更是微乎其微。我们已经知道，印度河—美索不达米亚贸易的证据可能仅限于美索不达米亚平原，在印度河谷，类似的证据实际上就不存在。克诺耶称，"在印度河地区，从未发现过任何产自美索不达米亚的物品"。[14] 帕尔波拉也说，"在大印度河谷地区发现的唯一一件具有明显西亚血统的物品，是一件

在洛塔尔出土的'迪尔蒙型'印章",而洛塔尔肯定与迪尔蒙(巴林)有贸易往来。[15] 其他学者的标准要稍稍宽松一点。拉特纳格尔认为,在哈拉帕、摩亨佐—达罗、多拉维腊和洛塔尔发现的几枚柱状砝码肯定是在美索不达米亚造出来的,因为它们的形制与美索不达米亚砝码相似。但要通过这种形制上的相似得出这些砝码起源的肯定结论,还有很长的路要走;马歇尔作为摩亨佐—达罗柱状砝码的发现者,十分谨慎地提道:"这种样式的砝码在埃及使用⋯⋯在美索不达米亚有大量发现⋯⋯在埃兰(Elam)也相当普遍。"[16] 乌尔城发现的那枚方形砝码与强胡—达罗出土的一枚砝码几乎一模一样,而印度河遗址发现的柱状砝码在美索不达米亚却并没有十分相似的"同伴"。

印度河商人似乎曾在美索不达米亚的城市(或许还有古阿巴村)定居和工作,如果美索不达米亚的商人和工匠也这样,亲身在印度河城市中居住和工作,那么研究印度河文明的考古学家们一定期望能发掘出楔形文字计数板、柱形印章以及印章印痕,类似的物品在美索不达米亚十分常见。然而,印度河城市中丝毫没有楔形文字的踪影,仅有的几个柱形印章无论从样式还是使用上,都与美索不达米亚印章并无相似之处;相比在印度河谷工作的美索不达米亚商人,它们更可能是与美索不达米亚做生意的印度河商人的所有物。这类证据的缺乏其实恰恰证实了我们的观点,即美索不达米亚的商人们最远只航行到波斯湾一带，而没有亲自到过印度河地区。

印度河商人们能从开辟和维护这一国际贸易中获得什么？他们需要和青睐什么样的美索不达米亚产品？无论答案是什么，进口而来的物品一定都不易保存，所以考古学家们无法发现它们的踪影。看上去这些物品里不应该包括太多食物，因为印度河先民们已经拥有足够的谷物和其他粮食作物了，但是像今天的南亚一样，他们也可能会从波斯湾（阿曼）进口椰枣（dates）。金属和半宝石看上去也不太像是进口物品，因为印度河地区已有大多数金属和光玉髓及青金石一类宝石的出产地，当然我们还是可以推测，他们会从美索不达米亚进口银，可能还会从波斯湾进口珍珠。不过，纺织品，特别是羊毛制品，可能是进口的对象。前面已经说过，印度河先民并不生产羊毛，这很明确，相对地，美索不达米亚人成规模地生产羊毛织物，这可能是当时最好的贸易品。另外一宗进口货物可能是香料。现存最早的燃香记录是在古埃及，后来出现在美索不达米亚，看上去也传到了印度河文明，在独角兽图案的印度河印章上，常有一个不能辨认的物品出现在独角兽旁边，有可能就是香炉。在美索不达米亚楔形文字材料中，羊毛和香料都以出口商品的形式出现过。

坦白地说，这份对印度河—美索不达米亚贸易的描述并不尽如人意。贸易和贸易网络从很早的时期开始就在印度河地区发展起来了，并在将印度河城市、乡镇、村庄联结形成一个文明的过程中发挥了关键作用，这些是毋庸置疑的。然而，这一贸易唯一也是最大的组成部分——与美索不达米亚的贸易，看上去却高度向美索不达米亚倾斜。如同麦金托什所说，"在这幅图景中央豁开了一个空洞"，因为"印度河居民显然没有从与美索不达米亚的贸易中获得任何东西，而从波斯湾其他地区也只获得了少量的物品"。[17] 印度河地区的表观经济回报这么低，美索不达米亚方面也没有与印度河地区的直接联系（更别说他们在印度河谷的定居点了），很难推测美索不达米亚文明如何通过贸易在印度河文明的进程中扮演重要角色，无论是公元前三千纪中期印度河文明形成时，还是公元前两千纪前期印度河文明衰落时。几乎可以肯定，苏美尔文明影响了印度河文明的艺术、社会和宗教；但要说哈拉帕、摩亨佐—达罗和其他印度河城市受美索不达米亚的物质财富刺激，而发展至"成熟期"，那很有可能是无稽之谈。

第7章

社会

无论从美索不达米亚一方来的贸易有多么微不可查，印度河地区与美索不达米亚间在经济上都是联系起来的，但与此同时，两地间的政治和社会却是截然不同的。印度河文明的政体和社会看上去与美索不达米亚同时代的参照物全然不同。这种迥然不同在伍莱对苏美尔皇室墓地发掘情况的描述中就有所体现。20 世纪 20 年代末，伍莱主持发掘了乌尔城内的苏美尔皇室墓地，从中发现了一些来自印度河谷的物品，包括数枚光玉髓珠和一枚经过雕刻的印章。也就是在这几年内，马歇尔正在摩亨佐—达罗主持发掘大浴池和其他建筑物。

在发掘一个乌尔城内的皇家"丧葬坑"时，伍莱见到了戏剧性的一幕。他这样描述道：

> 这个丧葬坑底部的尺寸为 27 英尺 ×24 英尺[1]，与一般丧葬坑一样有倾斜的墓道，四周涂以泥巴并挂有席垫。六位佩有匕首或斧子的男性仆从躺在入口处，靠墙排成一列；他们面前立着一个很大的铜盆，盆边是四具女性竖琴师的遗体，其中一个人的手仍然放在竖琴琴弦上。在丧葬坑其余部分，64 具宫廷侍女的遗体排布为几排。她们都穿

---

[1] 约合 8.23 米 ×7.32 米。

着某种礼服；因为与宝石或金属连接在一起，有一小部分纤维和布片得以保存下来。从中可以看出，礼服的其中一层是一件深红色短袖外套，袖口缀有青金石、光玉髓和金制成的珠子，有时还会配有一条穿有白贝壳环的带子；整件外套应当是前开襟，用一根银制或铜制的长针别起来系紧。宫女的颈部戴着一条由青金石和金子穿成的宽项链，有点像狗项圈，另佩几条较松的项链，由金、银、青金石、光玉髓珠组成。她们耳朵上戴着大大的、新月形的金或银耳环，耳部上方的卷发上束着金制或银制金属丝扭曲成的小弹簧。她们的头饰与普阿比女王的很像：一条金制或银制的发带在头发上缠绕数圈，一些等级可能比较高的女性头上，还会在发带下面戴一条由一根金链、一根青金石链、一根光玉髓珠链组合成的三层饰带，饰带上山毛榉叶状的金饰覆垂在前额作为装点。在这些宫女中，有 28 人的发带是金制的，其余人的是银制的……这群人一定是盛装打扮，聚集在这个开放的、铺着席垫的丧葬坑中参加皇室葬仪，深红色的外套和金银饰品发出炫目的色彩。很明显，这些人并不是那些可怜的奴隶，会像牺牲用的公牛那样被宰杀；而是一些有地位的人，穿着朝服，自发自愿地——但愿果真如此——参加这个仪式。他们深信，这个仪式不过是从一个世界到另一个世界的过渡，从在世间侍奉神变为去另一个世界侍奉相同的神明。[1]

在印度河地区发现的墓葬中，没有一个与苏美尔这种豪奢的墓葬习俗有哪怕一点相似。目前发现的印度河文明墓葬相对比较稀少，墓葬中只有贝壳镯子这种最简单的装饰品；没有武器，不管是仆役还是朝臣，都没有为墓主人殉葬的迹象。从目前的发掘情况来看，没有什么敬献皇室成员或者伟大领袖的专门供奉，也没有暴力的迹象。公元前三千纪的古美索不达米亚被萨尔贡、舒尔吉和其他同样强大而自负的国王统治着，诸如阿卡德和苏萨这样的城邦间争战不休，像乌尔城的大金字形神塔（Great Ziggurat）一样的宫殿和庙宇林立四方，而与此相对，印度河文明则明显没有任何国王、宫廷、军队、宫殿或公共性的神殿。也许尚未破解的印度河文字中提到了以上种种，就像苏美尔人以楔形文字在印章和字板上记录的那样，但从印度河印章的规制和形式上来看，这种情况并不太可能发生。

坦白地说，印度河文明的政治和社会结构仍然是个谜。学者们根据现有证据进行了大量猜测，但有时候他们又激烈地反对这些猜测。哈拉帕和摩亨佐—达罗遗址最初的发掘者们认为，这些城市以从各个方面而言都令人惊异的一致性证明了一个统一国家（state）

的存在，这个国家由某种合作机制治理，而不像美索不达米亚或者埃及那样，有一个确凿无疑的统治者。尽管从 20 世纪 50 年代开始，考古学家们发现了越来越多的定居点，但他们的观点依旧在印度河文明考古学界占据绝对主导地位。因此，帕尔波拉这位从 20 世纪 60 年代就一直致力于发掘印度河文明遗址的考古学家坚信，"印度河文明的领袖们具有强大的权威，这种权威无疑具有意识形态基础。祭司在统治管理中扮演了关键性角色"。[2] 考古工作时长与帕尔波拉相差无几的波赛尔（无疑以一种猜测性的语气）这样想象：

> 印度河先民们由一系列"委员会"或者集体领袖领导，而非被某位国王统治……每个定居点可能有自己的公民议会，每个地区或者城市之上的政治结构会有地区议会，而一个最高的"印度河委员会"也可能存在。我能感觉到，印度河诸民族本身明显不信任政府，特别是强大的中央集权统治。[3]

然而，并不是每位专家都认同这种"领导性权威和意识形态"的观点。印度河文明考古已经进行了九十年，考古成果不仅说明了其统一性，也展现了其多样性。恰克拉巴蒂承认不同遗址间明显存在"相同的文化元素"——最明显的就是印度河印章、铭文，还有砝码和度量衡，但拒绝将其视为政治统一性的象征。"与其将印度河文明视为一个统一帝国，帝国下分不同区域、每个区域有一个大都市"——例如，信德有摩亨佐—达罗，旁遮普有哈拉帕，古吉拉特有多拉维腊——"我们更应该换一个思路，即当时存在着许多小的王国、城邦或者其他独立政治体。"[4]赖特要比恰克拉巴蒂更进一步："印度河[文明]内部缺乏统一性，恰恰与那种共同的宗教观念、统一的统治机制或者所有城市共有的最高权力机构的观点相抵触。"[5]

先让我们来看看，有哪些证据支持一个中央权力机构对整个印度河地区成功地实行了统治。一般来说，长时间的和平往往意味着这样一个权威是存在的。在公元前三千纪的后半段，印度河地区似乎实现了和平。这种和平是强权的产物吗？看上去并不是。除了发掘中没有发现武器这一公认事实外，印度河艺术创作中也很少表现战斗场面。由甘蔗杆制成的弓箭确实出现了几次，但印度河文明所有的艺术创作中，只有一枚出土于卡利班甘的柱形印章上，清晰无误地表现了战斗场景。在这枚印章上，有两个男子明显在为一名女子而争斗。这名女子有一头长发辫，身穿一条长裙，双手均戴着手镯。两个男人一人抓着女子的一只手，另一只手所执的长矛在女子头上交叉形成了一个拱形。有一位看上去是女神的人物在一旁看着这三人，她人头虎身，头上长着一对捻角山羊的角。所以这个场

图 36 这枚卡利班甘出土的柱形印章上，雕刻出两个男人为一个女人争斗的场景。印度河文明的艺术中极少出现暴力场景

景是有部分神话性质的。克诺耶认为，就算这个场景也表现了凡人间的争斗，"这两个男人穿着同样的服饰，说明他们可能来自同一个族群，所以这个场景很明显并不是从入侵者手中保护自己族群的女性"。[6]

麦金托什的推测相当有说服力。她认为，实际上可以考虑这种可能性，就是印度河先民根本没有必要拿起武器抵御外敌，因为"他们天生并没有什么敌人"。[7]他们拥有足够的土地、食物和原材料，所以也没有动机去侵占别的土地。会有谁来攻击他们呢？他们与西边的俾路支人相处融洽，因为他们在梅赫尔格尔和苏特卡根—多尔都建有定居点；同理，从肖尔特尕伊定居点推测，他们与北方和西北的阿富汗人关系也不错；东边的拉贾斯坦多沙漠，还有阿拉瓦利山脉，地广人稀。只有在南方的沿海地区，印度河先民们才有可能遇到来自海上的攻击，比如海盗的侵袭。但是，他们掌握着相当成熟的航海技术，应当能够保卫好自己。麦金托什据此宣称，"或许在这种情况下，能在南方沿海地区发现重装的城镇"；惠勒也认同这一观点。[8] 至于美索不达米亚，印度河文明与它的经济往来卓有成效，两地之间又隔着群山，相对来说比较遥远，而且美索不达米亚的城邦早就陷在与周边地区的征战中不可自拔了。

许多印度河城市的地基中存在防洪平台，这能够进一步证明印度河文明有一个中央政权。之前我们已经提到，要建造摩亨佐—达罗的大平台，需要大规模有组织的协作，这种协作肯定是在印度河一年一度的洪水威胁下产生的。没有证据显示印度河文明存在奴隶制，因此可以推测，为了完成这项宏伟的工程，哪怕是自愿劳作，也需要一个中央政府动员、指导、监管才行。普遍认为，古埃及吉萨金字塔是由一个强有力统治者建立的，而且没有使用奴隶。它与摩亨佐—达罗都在公元前三千纪中期建设而成，恰恰可以用来比较。

印度河谷内部和周边广袤土地上卓越的商贸网络也佐证了中央政权的存在。可以推测，要维持这样一个贸易网络，需要如下两个条件：可能由税收进行维护的基础设施，比如定居点间最基本的道路；以及某种可以保证商业协议有效性的监管体系，哪怕某人在洛塔尔做生意，下一站要前往遥远的哈拉帕或者更远一些的肖尔特尕伊，他所作的商业协定依旧有效。一个庞大的贸易网络要在没有这两者的前提下逐步形成，并且有效运转五六百年之久，基本是无法想象的。道路的维修和规则的设定都需要一个以城市为基础的协调机构，它要为众多定居点负责，而不仅仅是一个城市。没错，我们可以做出一个很好的假设：印度河文明的普罗大众很可能见证了贸易和保证贸易进行的专业技术使这种协调机制合法化。对城市而言，可以通过工坊控制加工产品的产量，例如贝壳和石制镯子、光玉髓珠子、金首饰，这些制品由原材料加工得来，可以用以标识社会地位和举行仪式。而且，跨整个地区的标准化砝码体系也提高了中央政府存在的可能性。这套砝码体系在印度河文明消失后很久仍有使用，显然，它们很有效。

在这些例证中，最有说服力的还是印度河印章，因为它们在印度河地区各个地方都有发现（还有波斯湾和美索不达米亚）。这些印章最开始肯定是由一个中央政权构思产生，并以这个政权的声望为担保，就像在现代国家，普遍由中央银行的信誉担保发行货币。但印度河印章基本可以肯定是身份的标志，而不是货币。印章上的图案和文字到底如何标明所有者身份，目前尚属未知。我们之后再来分析文字，先来想一想，图案有可能是什么含义？克诺耶的观点很有意思：

　　动物图案的方形印章可以被印度河城市的所有群体辨识。印章上的图案应当是图腾符号，代表了一个特定的部族或官员，每种动物还可能象征某种特性，例如权力、狡猾、敏捷、力量。独角兽、瘤牛、大象、犀牛、水牛、短角无驼背牛、山羊、羚羊、鳄鱼、兔子，这些图腾动物至少代表了十个族群或团体。其中，独角兽应当代表了人数最多、人员分布最广泛的部族，因为它们的数量非常多，所以不太可能都代表统治者。印章主人的姓名或者头衔写在印章图案顶部。[9]

　　其他学者对"部族说"不甚赞同。有些学者认为，特定的动物可能代表了一个特定的城市，比如独角兽代表摩亨佐—达罗，因为在摩亨佐—达罗出土的印章上独角兽的形象最为普遍；也有学者认为，某种动物形象可能代表少数几个核心职业群体之一，例如农民、陶匠、金属工人、祭司，这些群体在每个定居点都存在。理论上讲，如果对每一个定居点出土的印章图案进行分析，关注印章出土的位置和图案出现的频率，再横向比较各个定居点的数据，肯定有利于得出对图案意义最贴切的解读。然而事实上，这种分析会被太多未知或不可控的因素干扰：印章可能因为背钮破损而掉落遗失；对很多遗址的发掘不可避免地会有遗漏，包括哈拉帕和摩亨佐—达罗；

印章持有者还有可能搬家或移居。举个例子，独角兽图案的印章在哈拉帕比较常见（占总数的 46%），但没有摩亨佐—达罗那么常见（占总数的 60%）。这个事实证明了"独角兽图案与摩亨佐—达罗有关"这个观点是错误的，还是说，许多来自摩亨佐—达罗的印章持有者虽然长期定居哈拉帕，但依旧在他们生活、工作的这座城市保留着自己原本摩亨佐—达罗身份的印章呢？就像在现代社会，个人因工作和生活需求移居他处或移民海外，姓氏也就随着个体的迁移，从乡下的某几个特定地区来到城市，甚至到其他国家。

　　如果确实有中央集权但又没有国王，那么印度河文明的社会到底是如何建立起社会阶层的呢？以血缘为纽带的部族是一个天然选项，职业群体同理。因为有强有力的证据证明复杂工艺的多样化、专业化，而且印度河文明对沐浴有明显强调，所以一小部分学者推论，印度河文明社会由种姓制度黏合在一起，有些类似于后世印度教种姓制度。在后者中，种姓由出身、职业和"宗教不洁"的概念[1]决定，婆罗门祭司为最高、最纯净的种姓。麦金托什甚至推测称，吠陀典籍中提到的那些最早的婆罗门可能就是"之前印度河

──────────

[1]　印度教的"宗教不洁"（ritual pollution in Hinduism）概念来自印度教的洁净观。这种洁净观并不是简单的干净或肮脏（例如伊斯兰教中认为猪肉是"不洁"的），而是一种本性、本质上的"不洁"，直接决定了信仰印度教的人在教内的地位和宗教、人身权利及义务；"洁净"的人如果接触了"不洁"的人，也会被"传染"而变得"不洁"，失去原有的地位和权利。

文明本土统治阶层的后代"。[10] 这类推测有一个很明显的缺陷，就是印度教种姓制度不仅包括简单的社会阶级、工艺与职业专业化以及相对严苛朴素的婆罗门领导下的贵族政治，更依赖于一套潜在的宇宙秩序的哲学。这套哲学在《梨俱吠陀》中表述为"法"[1]，"法"的概念中，首次确切提及了"种姓"的概念；吠陀中的"法"后来发展演化为印度教"法"[2] 的概念，指代宇宙永恒的法则。鉴于印

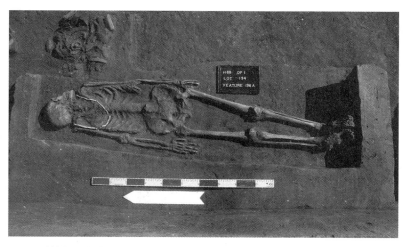

图 37 哈拉帕一个成年男性的墓穴。下葬时，他戴着一条长项链，由 340 颗有刻痕的皂石珠串成，另有三颗单独的天然宝石坠珠和三颗金珠

---

[1] 即"rta"，梵文为 ऋत，意为"秩序，法则，真理"。

[2] 此处印度教的"法"即"dharma"，梵文为 धर्म，是印度教核心的宗教和哲学概念，意指宇宙运行的基本准则。佛教也沿用了这个概念，汉译佛经中音译为"达摩"，意译为"法"或"佛法"。

度河文字尚不可读，印度河文明的哲学就没有定论可言，其中是否
有可比的种姓概念更是无从谈起。

与其徒劳无功地寻找一个证明缥缈的"印度河种姓"概念存
在与否的证据，还不如研究丧葬行为、饰品的应用甚至雕塑上的细
节，即便证据确实有限，但也可以找到印度河文明精英阶层和社会
阶序的蛛丝马迹。印度河谷的遗迹中，只有五处发现了土葬和墓
地，分别是德拉瓦尔（Derawar）、哈拉帕、卡利班甘、洛塔尔和鲁
伯尔（Rupar）——是的，并没有摩亨佐—达罗，即便那里出土了
未埋葬的人类遗骸。大部分丧葬地中都可见小心排布的遗骨。火葬
只有几例（在之后的印度教社会中，死者遗体通常采用火葬），比
如马多·萨鲁普·瓦茨在哈拉帕发现的人类骨灰，230 个骨灰瓮中
仅有此一例。事实上，波赛尔认为，"印度河遗址中，火葬的唯一
确凿无疑的证据"发现于距卡利班甘 90 公里的德尔赫恩瓦拉—德
拉（Tarkhanwala Dera），那里有一个人造平台，平台顶端有至少五
堆火葬痕迹。[11] 死者的遗体也有可能是水葬或者置于露天使动物
分食[1]。

总的来说，遗骨上并没有什么迹象表明某些人比其他人营养状
况更好，看上去，不仅是上层人士，所有人都享有充足而均衡的饮

---

[1]　这种形式类似"天葬"，都是将遗体放置于某个地点，供鸟、兽分食。

食。这些墓葬中也没有太多能反映个人财富状况的陪葬品（这与美索不达米亚和埃及的墓穴形成了鲜明对比），印度河地区没有任何盗墓行为的痕迹，因此可以排除坟墓被盗掘的可能性。至于陪葬品，可能有一些简单的陶器，但没有铜制工具、金首饰或长光玉髓珠这种价值比较高的物品，也没有印章（这一点说明印章并非个人所有物）。遗体通常佩有朴素的个人饰品，比如项链或者手镯。镯子通常是贝壳的，墓穴中并未出土陶制、彩陶、铜制或者宝石的镯子。有意思的是，哈拉帕最早的墓穴（约公元前 2600 年）中的贝壳手镯，要比最新的墓穴（约公元前 2000 年）中的手镯略窄一些，可能说明经过一代代的时间，佩戴这些贝壳手镯的女性——或许属于社会精英阶层——比从前更少从事重体力劳动。总而言之，丧葬情况反映出，印度河文明似乎没有对"来生"或者"死后世界"的强烈信仰。如果有的话，死者应当受到供养；正相反，印度河文明葬俗体现出一种对物质财富的务实态度。克诺耶这样写道：

> 贵金属、金子和宝石珠基本上在生者间流通，与死者一同下葬的只有最基本的个人物品：贝壳手镯、眼睛式样的珠子、皂石制成的盘形珠、镜子。总体来说，丧葬习俗进一步强化了饰品和公共符号在生活中界定社会和宗教地位方面的重要性。[12]

　　现存的印度河文明雕像数量很少，不能确定它们是否表现了精英人物的形象，当然"青铜舞女"是个明显例外。这些雕像是真人的塑像，还是神灵的形象，又或者表现的是被神化的人物形象？目前并没有什么方法可以确定，因此学者们也产生了分歧。古典印度并没有皇家画像或塑像的传统（连阿育王也没有画像），基于合理推测，克诺耶首先提出，这些塑像不是"统治者的形象"[13]；但接着他又颇为矛盾地称，这些雕塑有可能描摹了"在摩亨佐—达罗颇有影响力的人物，甚至可能是统治者"[14]。

　　如果说摩亨佐—达罗出土的"祭司王"雕像是一个真实人物的塑像，那真是一丝一毫证据都没有。这或许是某个祭司经过神化后的雕像，但就算是这种有限的辨别，也是建立在美学和文化观点上的，因为就像我们已经说过的那样，并没有确凿证据能证明印度河文明有过寺庙或祭司。尽管如此，这个标志性的小小的皂石小雕像的美学力量是不可否认的。恰克拉巴蒂讽刺地评论称，学者们用这个小雕像的孤例来"证明一整个祭司阶层的存在"[15]。同样不可否认的是，有证据证明，印度河文明社会中存在着看上去很像宗教的事物；但这种"宗教"之于印度河文明，是否像马歇尔那个时代以来经常宣称的那样，起到印度教之于印度社会一般促进社会统一的作用，依旧是有争议的。

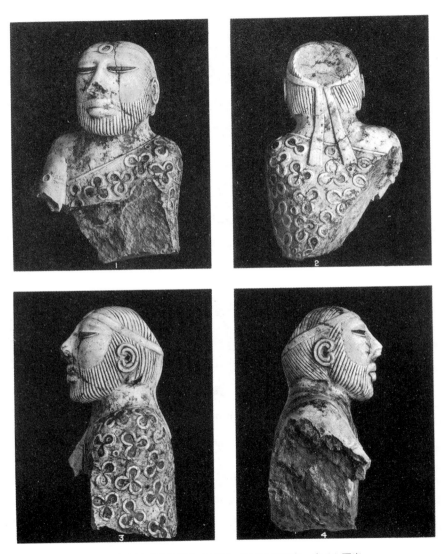

图 38 摩亨佐—达罗出土的"祭司王"小雕像，高 17.5 厘米，宽 11 厘米

第8章

宗教

对于任何一个古代社会而言，如果没有文献，想重建宗教情况有多棘手是公认的。想想在拉斯科（Lascaux）和阿尔塔米拉（Altamira）发现的欧洲旧石器时代岩画，画中有动物和猎人，但没有任何文字，让好奇的人十分焦急。如果没有读懂古埃及人的象形文字，只看墓穴中的壁画，学者们怎么能释读出《死海文书》中那些复杂难解的神话？再比如，如果没读过苏美尔楔形文字泥板，学者们又怎么能凭图像辨认出包括《吉尔伽美什》在内的古美索不达米亚神话？

在印度次大陆，吠陀时期并没有遭遇这种窘境，因为在公元前1500—前500年，大量的吠陀文献以口头方式产生和传诵，并被及时地以梵文书写记录下来，其中包括四吠陀、奥义书还有其他早期印度教文献。另外，吠陀时期并没有遗存下什么考古遗迹，这一点非常突出；这个时期唯一算得上有意义的遗址是比哈尔邦王舍城（Rajagriha）[1]的古城墙，建筑时间大概在公元前一千纪初至中期。与此相反，印度河文明明显缺少文献，因为印度河文字（无论是不是可能表达了宗教思想）还尚未解密；但它留下了大量的建筑遗迹。但印度河遗迹中，哪些可以被看作宗教遗迹？摩亨佐—达罗的大浴池，本质上是宗教建筑，还是说仅仅是个大到夸张的游泳池？摩亨

---

[1]　此地现名拉杰吉尔（Rajgir，"王者之地"），原名 Rajagriha（"王之寓所"）即中文典籍中的王舍城，一译"罗阅祇"。此处从原名，从古意译。

佐—达罗出土了大量石制小物件，大致是圆柱形，小部分有个尖一些的顶端，它们是与很晚之后印度教湿婆派的"林伽"[1]类似的阳具，抑或仅仅是下棋用的棋子？ 20 世纪 20 年代，马歇尔倾向于认为这两个问题的答案都是肯定的，即这些遗址、遗迹与宗教有关。现在，有些学者同意他的观点，而有些则更谨慎些，特别是涉及那些石制小物件的时候。

然而，即便是马歇尔本人也公开承认，没有在印度河文明遗址中发现神庙，他对此感到十分诧异和失望，因为印度河文明的建筑工人很明显有高超的建筑技巧。他在《摩亨佐—达罗》一书中写道：

> 无论在摩亨佐—达罗还是哈拉帕，都还没有发现可以确定为神庙的建筑。这并不能证明当时的人们没有建造神庙。现在发现的许多建筑物很明显既不是普通的住所，也不是什么办公大楼……尽管我们现在还完全不能确定它们的用途；而且遗憾的是这些建筑中出土的物品也证明不了什么。就我们所知，因为某些保守的理由，摩亨佐—达罗的神庙确实有可能是用木头建造的，而且一并朽坏消失了。但有一点是确

---

[1] "林伽"音译自"linga"（**लिंग**）或"lingam"（**लिंगम**），即印度教三大主神之一湿婆的阴茎，也用来指代印度教湿婆派崇拜体系中，借由崇拜湿婆阴茎而崇拜、礼敬湿婆的宗教仪轨。

定的，即无论它们有什么样的形式、由什么材料建成，它们都与苏美尔或巴比伦的神庙截然不同。在摩亨佐—达罗和哈拉帕都没有发现金字形神塔及其附属的神庙……巴比伦的神庙有寺塔（temple-tower），有供信徒集会的、水源充足的庭院，庭院末端则是供奉男神或女神的特别的神殿。迄今为止，我们没有在这里发现任何与巴比伦神庙制式相同的建筑。我认为，仅凭这一点，就可以说明苏美尔人的宗教与印度河谷人们信仰的宗教是不同的。[1]

此后，对印度河文明遗址的发掘进行了将近一百年，可即便如此，还是没有发现任何一看上去就明显是宗教性建筑的建筑结构、从而可以反驳马歇尔的描述。唯一的例外或许是那些祭祀用的火坑，人们称为"火祭坛"，在卡利班甘、洛塔尔、纳格斯瓦尔（Nageswar）、拉基格里和瓦格德（Vagad）等印度河文明遗址都有发现。卡利班甘的"火祭坛"由黏土衬砌的灰坑构成，灰坑中有灰烬、木炭、一个黏土碑的遗存，还有一些赤陶饼；在洛塔尔的这样的火坑旁，发现了一个有烟熏痕迹的赤陶长柄杓。但并不是所有的专家都同意这些火坑是祭祀用的；波赛尔就认为，在纳格斯瓦尔，"所谓的'火祭坛'十有八九就是一个普通的印度河烟囱形直焰窑"[2]。最有说服力的就是卡利班甘的祭祀火坑，让人想起印度教礼敬湿婆的仪式，即在祭火前向一个黏土"林伽"祭洒牛的五种产物[1]（牛奶、凝乳、酥油、尿液和粪便）。在吠陀的火祭礼仪中也有类似的仪式，即在日出和日落时祭洒牛奶。吠陀典籍中称热牛奶是太阳或太阳洒向子宫的种子："苏利耶[太阳]和阿耆尼[火]同在一胎[yoni，即'子宫']。于是苏利耶升起。他失去了自己的种子。阿耆尼得到了种子……并将它传递到牛的体内。它（变成了）奶。"[3] 诚然，在火祭坛前的祭祀是吠陀教不可或缺的仪式组成，但即便这些已经被发掘出的火坑真的用于祭祀，也不意味着它们具有与吠陀教的火祭坛相同的含义。麦金托什认为，"这些学者过分强调（火坑与吠陀教火祭坛）的共性，但火祭和动物祭祀非常普遍，在许多宗教中都有体现，不足以成为鉴别文化关联的依据"。[4]

没有宗教文献也没有神庙的情况下，对印度河宗教的推测就只能依赖想象，其依据是"祭司王"一类的小型陶像和雕像，以及展现神秘场景的陶器和印章。这种想象始于梅赫尔格尔出土的最早期的女性小陶像[2]。它们为什么被创造出来？它们是宗教性物品，还

---

[1] 即"panchagavya"或"panchakavyam"，意为"牛的五产物的混合"，由牛的五种产物混合、发酵后制成，其中三种直接产物是牛奶、尿液、粪便，两种间接产物是凝乳（curd）和酥油，在传统印度教仪式中多有应用，可用于治疗疾病或礼敬印度教神祇。

[2] 原文使用了"ceramic"这个词，广而言之指的是"陶瓷"，此处应当是指陶而不是瓷。

图 39 卡利班甘的"火祭坛"。黏土衬涂的坑里有灰烬、木炭和赤陶物件，有可能是祭祀火坑

是只是普通的玩具？它们通常在垃圾灰坑中出土，看上去就是随意丢弃在那儿的，学者们因此认为它们是玩具。但卡特琳·雅里热（Catherine Jarrige）对此进行了更仔细的研究，发现上述垃圾灰坑通常出现在家庭生活区，因此这些小陶像有可能带有宗教崇拜的含义。有些小瓷像上还有贯穿的洞，可能是在陶土尚软的时候用细树枝穿过去形成的，有些类似在巫毒娃娃身上扎针的行为，更为其宗教含义增添了一层可能性。而且，这些小陶像上对"丰饶"的象征，

例如球状的乳房、肥大的臀部、引人注意的发型、一些瓷像手臂中抱着的孩子，在雅里热看来，"非常系统地组合起来，肯定是遵从某些特定符号含义的规则产生的"，"因此我们有理由认为，把这些小瓷像当成孩童玩具的假设是站不住脚的"。5

但是自然而然吸引更多注意力、激发人们奇思妙想的解读的物品，还要数印度河印章。在这些印章上，不仅描绘了真实存在的动物和一些奇幻的嵌合体动物（有些甚至有三个头），还表现了动物、人类以及一些看上去只可能是神灵的存在之间的互动。下面我们来看看其中最有可能有宗教含义的三个。第一个印章由麦凯发掘，上面表现了一个被动物环绕的、像神一样的人类。这个印章迅速被马歇尔命名为"历史上著名的湿婆的原型"6。第二个印章上是一个神秘的物品，通常与独角兽图案一同出现。第三个印章上则是一幅相当复杂的敬神的画面，被崇敬的女神坐在菩提树上，而且仪式中可能有人牲。

马歇尔的"湿婆原型"印章或许是所有印度河印章里最有名的一个。这是一个男性形象，上半身竖直，以一个非常明显的瑜伽体式端坐于一个类似王座的东西上，双腿折叠对放于身下，足尖朝下（*mulabandhasana* 体式[1]）。他有三张脸，一张直视正前方，其

---

[1] 这个体式比较普遍的中文翻译是"束角式"。

图 40 梅赫尔格尔出土的女性小陶像，其中最早的可以追溯到公元前 7000 年

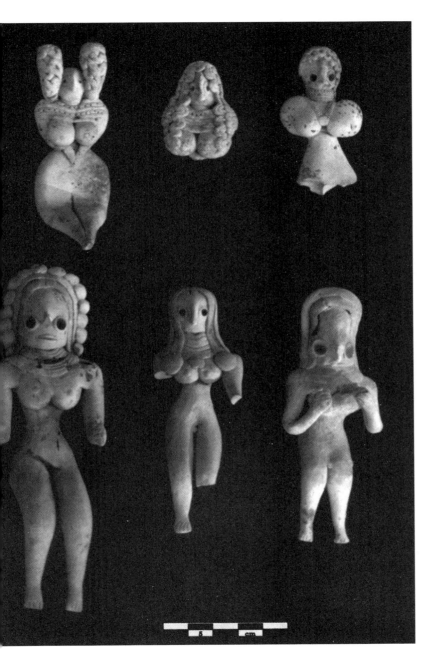

余两张分别向左右两侧看去。他头戴一个夸张的三尖形头冠，其中两"尖"应当是弯曲的水牛角，胳膊上戴着镯子。人像看上去有勃起的阴茎。身周排布四种野兽，两两分列一旁，一边是一头犀牛和一头水牛，一边是一头大象和一头老虎，都栩栩如生。他头冠的上方刻着几个印度河文字。

这个印章和印章上的图案产生于公元前三千纪，而印度教的大神湿婆是公元前一千纪才开始有记载的，时间上要晚得多，而且在这 2000 年间，《梨俱吠陀》四处传诵，可其中并没有出现过湿婆的名字。马歇尔凭什么确定这个形象就是湿婆呢？有四个特征让他做出这种判断。首先，这个人像有三张脸，湿婆也常常以三位一体的"三面"（trimukha）形象出现。但马歇尔在论证时也这样写道：

> 我并不是说与至高神相关的"三位一体"的哲学观念这么早就产生了，只是想说明，对于这个特定神灵——不管是叫他湿婆还是别的什么——的崇拜与其他两种崇拜融合在了一起，这个神有三张脸而不是只有一张就体现了这个事实。[7]

第二，人像呈现的瑜伽体式与湿婆"瑜伽之王"[1]的名号相符。

---

[1] "Mahayogi"，直译为"大瑜伽者"，本书原作者在这里将其解释为"瑜伽之王"。

图 41 摩亨佐—达罗的印
度河印章印痕（上）及线
描图（下）。印痕中显示
了一个有三张或四张脸的
人物形象，头戴有角冠
饰，以瑜伽体式坐着，周
围环绕四头野生动物。发
现这枚印章的约翰·马
歇尔将其命名为"湿婆原
型"，但仍缺少确凿证据
证明它与印度教的联系

第三，湿婆还有一个著名的名号是"兽主"，即百兽的主人，在印章图案上恰好可以由犀牛、水牛、大象和老虎体现。第四，在古美索不达米亚，神灵常常戴着饰有兽角的冠饰，祭司和国王也会如此；再多想一步，这个特殊的三尖形冠饰在形状上也类似湿婆那著名的武器——三叉戟。最后的一点并不能算是特征，只是人像与湿婆的这种联系，恰好印证了马歇尔深信不疑的理论，即印度教不仅来源于雅利安人的吠陀文化，还与吠陀时期之前的印度河文明有密切联系。

以上的几点都不能令人完全信服；正如历史学家 A.L. 巴沙姆（A. L. Basham）所说，"这个史前神灵与湿婆间的任何持续性关联都是很薄弱的"。[8]许多学者都对马歇尔的观点提出严厉批评。例如，有学者认为，这个神灵有四张脸（其中一张向后看，所以没有表现出来）是个更说得通的解释，每张脸正好对应一种动物；这样一来，这个神灵就不是与湿婆，而是与印度教三主神中的另外一位——梵天有关联，后者承继自吠陀典籍中的创世神"生主"。这个神灵上竖的阴茎并不明显，这处细节有可能只是他腰带结的一部分（马歇尔自己也承认）。他所呈现的瑜伽姿势在其他很多印度河印章上也出现了，看上去并非源自印度本土，而更可能来自相邻伊朗地区的原始埃兰艺术，可以追溯到公元前三千纪初期。他身周的四种动物是野生的，水牛可能例外；但湿婆神并不保护野生动物。湿婆的坐骑是公牛南迪，不是水牛，而这个神戴着水牛角，有可能与印度教的"牛魔"摩西沙[1]有关，不过有时候摩西沙也会被认成湿婆。无论一个人想赋予印章上的图案什么意义，都能找到合理的解读，而这个含义又往往能联系到某个神身上。

再来看看第二个宗教形象的"候选者"——"独角兽"图案。当印章的主体表现对象是动物图案而不是神灵时，这个动物有时会单独出现；这种情况在大象、犀牛和老虎图案身上比较常见，有可能因为它们是野生动物。更常见的情况是，动物图案的前方会同时出现一个特定的物体。举例来说，水牛和短角无驼背的公牛前面出现的往往是饲喂槽，里面应当盛有草料或水，遗址中出土了类似的边缘下垂的浅槽。然而，与独角兽图案一同出现的从不是饲喂槽，而是一个陌生的物品，在考古发掘中也从未发现类似的实物。大部分学者认为这应该是一件仪式用具；尽管这个仪式的性质很不确定，这个观点却很难反驳。

克诺耶这样描述这个物品：

这是个祭品台，由三部分组成。一个逐渐变细的立杆或柱子竖在地上，上端穿着一个半球形碗状的容器，容器

---

[1] 摩西沙（Mahiṣāsura）是印度教神话中的水牛魔，神通无比，后被杜尔迦女神（湿婆妻子的化身之一）所斩。他的名号"Mahiṣāsura"中，"mahiṣa"的意思是水牛，"asura"即阿修罗，可以理解为恶神。

有时候以一枚图钉钉住。在碗的上方是一个方形或者穹形的物体，由同一根立杆支撑。这个位于顶部的物体通常以交叉的网格状或锯齿状阴影线表现，碗形部分也用大量交叉的阴影线或者水平的线路描绘。在碗的边缘常常有小的点状图案或射线状图案，多沿着碗下缘分布，有时碗上缘也有。[9]

马歇尔认为，这个物件是香炉。最上端的部分用来放香料，这个部分可能会绕着立杆旋转；碗中生火，在图像上用碗上缘旁边的小点和射线表示。伊尔凡陀·马哈德万的看法却截然不同，他认为这是一个用来滤制苏摩汁[1]的过滤装置。苏摩汁是一种神圣的饮品，具有致幻性，在之后的吠陀教仪式中具有十分重要的意义。（用来榨取、制作苏摩汁的究竟是何种植物，学者们争论不休，但目前广泛接受的观点是它应该是一种麻黄属植物，麻黄属植物中可以提炼出麻黄素，是被现代体育界禁用的兴奋剂之一。）如果这是个过滤

---

[1]　苏摩汁（soma）是一种在吠陀典籍和早期婆罗门教中十分重要的神圣饮品，从文献描绘中可以看出其有较强的兴奋和致幻作用，也被翻译成"苏摩酒"。苏摩与伊朗琐罗亚斯德教中的"豪麻"完全对应，其来源是相同的。典籍中记载，苏摩汁最主要的原料就是苏摩草经碾压榨取后获得的汁液，但苏摩草究竟是哪种植物，学界目前仍无定论，有学者认为是一种夹竹桃科的植物，有学者认为是现在巴基斯坦俾路支省民间仍在服用的一种麻黄属植物，还有学者干脆认为是大麻。

装置，那么上方的容器起过滤作用，滤得的苏摩汁滴入下方的碗里，碗下缘的小点和射线就表示溢出的苏摩汁。

第三个可能描绘了宗教场景的印章上，出现了一个动物图案，一个令人迷惑的物体，一个神灵，一个信徒，还有一些其他的形象。这个印章出土于摩亨佐—达罗，上面的"叙事性"图案吸引了众多学者的目光。人们提出了种种假设，但距离完全解读还有很长的路要走。画面中的神灵站在一棵菩提树（*Ficus religiosa*）中央，这棵树[1]分为两个主枝，生长着菩提树标志性的心形叶片——佛陀就是在这种菩提树下证道的，而今它们的荫庇也遮挡在巴基斯坦的苏非圣墓上。这个神灵背后有一条长发辫，手臂上佩着许多镯子，头上戴着一个有角的冠饰，可能是位女神，因为印度的树神（药叉女）通常是女性。在这个神灵身前，一个同样戴着有角冠饰的祈愿者跪在地上；这个祈愿者身后立着一头长着人脸的捻角山羊，眼睛炯炯有神，大大的角弯弯绕绕，角上方刻着几个印度河字符。在这个场景下方、印章底部的位置，七个人物形象排成一列，看上去是那个神灵的人类侍从。她们（他们？）也留着长辫子，胳膊上戴着镯子，不过冠饰是单根羽毛状的。有些人称她们为"七个女祭司"，但并没有确凿的证据表明这些人是女性。

[1] 原文用的是"fig tree"（无花果树），因为菩提树是与无花果树一样都是桑科榕属（又称无花果属）的植物，菩提树的种名就是"神圣的无花果树"之意，还有一个同样含义的英文别名"sacred fig tree"。

图42 "菩提神"皂石印章，出土于摩亨佐—达罗，是最吸引人的印度河印章之一。这里展示的印章印痕和图案的线描图中，神灵在画面右侧，中间是跪着的祈愿者，旁边有一头山羊，还有神灵的七个人类侍从。一些学者认为它展现了人祭的场景

最吸引人的还在后面。马歇尔这样写道："在这个祈愿者脚边有一个小物品，因为印章恰好在这里缺损了，所以看不出来究竟是什么。它可能表现了一个放在小祭坛上的贡品，也有可能是个香案。"[10] 这个解释已经是仔细分辨后能达到的极限了，而且看上去合情合理。不过帕尔波拉和包括克诺耶在内的一些学者做出了更加大胆的推测，认为这是一个被割下来的人头。帕尔波拉仔细地研究

了这个物体上两个古怪的凸起，主张这是一个脑后有两个圆形发髻的男性的头颅，这种男性的发型在印度河文明的其他美术作品和雕塑中颇为典型（可见图 43）。如果帕尔波拉是对的，那么这个印章就是印度河文明唯一已知的表现人牲的例子。如果我们把这种解释也用在一些男性小雕像上，人牲的例子又会多一些。这些小雕像表现的男性人物双腿并拢跪坐着，手环绕在膝盖上。克诺耶写道："学者们一直认为这种小雕像表现了信徒的形象，但它也有可能表现了手脚被捆在一起的被献祭的人。"[11]

图 43 摩亨佐—达罗出土的男性头部雕塑，可能是从一件坐姿雕像上断落下来的。这件雕塑头部背面显示出头发梳起、扎成双圆髻的样子

哪怕只是粗略地扫视印度河宗教，也很容易将它与印度教联系起来并进行对比，比较的对象可能是湿婆、吠陀仪轨、树神，或者别的什么。另一个有趣的例证是卍字符。这个符号在梵语中的名称代表"福祉"；它的历史相当久远，远在印度河文明之前就已经出现，并且在印度河印章和字符中反复出现，左旋和右旋的形态都有（纳粹的符号就是一个右旋的卍字符），有时会在一个字符串中连续出现。现在并不清楚印度河文明对卍字符的解释，两种不同形态的卍字符可能代表了不同的崇拜或者不同的哲学流派。在之后的印度教和佛教中，左旋和右旋这两种形态代表宇宙中两种相反的力量。在今天的印度次大陆上，卍字符的用途十分广泛，印度教仪轨和世俗生活都将其作为带来财富和幸运的装饰性符号，在公共建筑、民宅等处甚至人体上都很常见。在倒数第二章关于印度教起源的部分，我会展示更多体现印度河文明与现代南亚印度教社会之间延续性的有趣例证。

尽管有以上种种说法，我们还是要注意，并没有什么确凿的证据能证明印度河宗教的存在。印度河神庙、祭司、仪式，都没有确切的例证。雪上加霜的是，在不同遗址地点发现的可以算作"宗教性"结构体的东西并没有多大的一致性，相比之下，不同遗址出土的砖头的规格、防洪平台和"城堡"以及珠子和手镯这些装饰品，都具有很高的一致性。要与之后出现在次大陆的宗教信仰进行比较也很困难，印度教本身就有十分多样的信仰流派、宗教习俗和仪轨，更别提那些与印度教互相影响的部落宗教（tribal religion）了。举个例子，在不同的时代，人祭在印度的一些特定部落、特定印度教信徒群体中多有发生，但它从来不是印度教的主流习俗。如果印度河宗教真的是印度教的源头之一，那么它也很有可能非常多样化。

从现有的有限证据看，印度河文明的宗教因素确实可能比之后的印度文明展现出的，或者比以马歇尔为首的部分学者所期待的要更少一些。印度河文字尚未获得解读，宗教诠释很自然地填补了学术理解中的一些巨大空白。但这真的明智吗？在我看来，目前印度河文明的研究状态让我很不情愿地想起玛雅文字解密前古玛雅文明的研究情况。埃里克·汤普森（Eric Thompson）是 20 世纪 70 年代玛雅学家中的领军人物；他认为，中美洲的古代玛雅统治者们是具有深厚宗教观念的神权统治者，他们的理想是"万事中庸"，格言是"活着并活下去"，注重"纪律、合作、耐心和体谅他人"的品质。[12] 在汤普森看来，古玛雅文明与其他文明截然不同，他将其视为物欲横流的现代社会的精神价值观来源。直到 20 世纪八九十年代，玛雅文字破译成功，玛雅学家才最终发现汤普森错得有多么离谱。真正的玛雅人耽于内讧、沉迷用酷刑折磨俘虏；无论是玛雅统治者还是他们崇拜的神灵，都喜欢用特殊的注射器向自己体内注射致幻剂和令人醺醉的灌肠剂。如果有朝一日印度河文字获得破解，印度河文明研究也会这样发生彻底转变——这绝非我本意；但至少对现在而言，比较明智的做法是不要断言印度河文明与其他文明不一样，特别是在它衰退和消亡的原因至今未明的情况下。

第 9 章

衰落与消亡

当人们试图解释文明衰落的原因时，似乎总在一种根深蒂固的心理作用下去寻找其中的人为因素，而人为因素通常就是文明内部发生退化、最终成为外来入侵的牺牲品这样一个套路，就像罗马帝国最终毁于野蛮的外族入侵一样。数十年内，考古学家——特别是惠勒和他的同事们——都认为，印度河文明消亡的罪魁祸首，是来自西北方的雅利安游牧民族对印度河文明发起的猛烈的武装入侵。直到 20 世纪 70 年代，学者们利用碳-14 测年法对印度河城市衰落的时期进行了新的测定，重新对外族入侵的可能考古证据进行了调查研究，并通过对《梨俱吠陀》进行不加偏见的细致研究，找到了能够有力反驳雅利安人入侵印度河城市这一观点的文献证据，才最终引发了对这个观点的强烈质疑。时至今日，学者们已经完全摒弃了雅利安人集中征伐印度河文明的观点，但"以印度—雅利安语为母语的游牧族群进行了一系列从中亚迁居到印度河流域的大迁徙"这个更为灵活的观念仍有市场。

环境变化更可能是导致印度河文明衰落的原因。在本书第 1 章中已经讲过，毁灭性的气候变化基本已经被排除了，但自然灾害依旧是很有可能的。可能当时喜马拉雅山的地质活动引发了印度河及其支流的变化，造成了娑罗室伐底河的消失和印度河洪水期延长、可耕土地盐碱化，这种情况在现在的巴基斯坦，特别是摩亨佐—达罗周边就发生过。果真如此的话，内河贸易和与美索不达米亚的海洋贸易就会衰落；除此之外，疟疾、霍乱这类传播途径与水有关的疾病也有可能大规模传播。考虑到在两个印度河文明遗址中发现了损毁的痕迹，古吉拉特邦在现代发生过剧烈的地震[1]，当初也有可能发生过大地震。不过，并没有令人信服的证据能证明环境因素是摧毁印度河文明的唯一推手。

最合理的解释是环境和人为因素共同作用，导致了印度河文明的衰落。而且这个过程可能并非一蹴而就而是逐渐发生的，因为印度河文明成熟期于公元前 1900 年前后结束，在此后的数个世纪中，不同的印度河城市的发展程度体现出巨大的差异性。水文环境的改变、洪水、疾病，都可能参与到这个过程中来，制砖和炼铜导致的乱砍滥伐也是同理。西北方迁徙进来的外族可能推进了对中央集权的反对，并因此作用于印度河文明的衰落过程。此外，我们可能也需要考虑到固有的文化缺点，因为印度河文明在文化上有相当的一致性，却明显没有军事强权。波赛尔以一种挑衅的口吻称："印度河文明的意识形态基本上是无根之萍，它最终成就了印度河先民，也可能同样导致了他们的毁灭。"1

我们先来回顾印度河文明衰落的迹象，然后分析环境因素和人为因素影响这一进程的证据，看看能否得出一个能够全面阐释印度

---

[1]　这里指的应该是 2001 年古吉拉特邦发生的里氏 7.9 级大地震。

河文明衰落原因的确切答案。

在哈拉帕和摩亨佐—达罗遗址最晚期的地层中，发掘者们发现，房屋、下水道、城市生活的状况都出现了明显的退化。在摩亨佐—达罗，棚屋搭建得十分潦草，建筑材料用的是使用过的、常常是破损了的砖头；街道当中建起窑炉；还有一些遗体暴露在外未曾掩埋，惠勒宣称这是入侵者"大屠杀"的受害者遗体，这个观点一度很著名。此外，彩陶基本让位给朴素简单的陶器，经过雕刻的印章也不再使用。发掘者们认为，这些城市被放弃了，而且印度河地区其他的城市也是如此。但自 20 世纪 50 年代以来，学者们发掘了其他很多遗址，也对哈拉帕进行了进一步发掘，结果证实，"印度河文明城市广泛被遗弃"纯属幻想。毫无疑问，在主要的城市中，文明确实衰退了，但即便在这些城市中，文明衰退也既非突发、亦不统一：直到公元前 1300 年，哈拉帕一直有人定居；在城市中心以外的地区，有证据显示经济活动还增加了。克诺耶这样分析：

次大陆北部的政治和文化中心从印度河谷转移到恒河中游地区，花了超过一千年的时间。转变是一点一点发生的，因此生活在印度河城市衰落（公元前 1900—前 1300

图 44　未掩埋的人类遗骨杂乱散落在摩亨佐—达罗较浅层遗址中的街道上，年代可追溯至城市衰落期，即公元前 1800 年左右

年）到早期历史名城[1]兴起（公元前 800—前 300 年）这个时间段内的人，很可能并不会意识到这种转变。[2]

例如，考古学家们最近在哈拉帕的一个特定区域发现了完好的墙壁、炉灶、烧焦的谷物沉积和陶瓷容器，有些容器上还有铭文。研究者们对其中一个炉灶进行了碳 −14 测年法测定，发现这些

---

[1]　Early Historic cities，指的是公元前 6—前 2 世纪印度次大陆上著名的城市，如象城（Hastinapura）、毗舍离城（Vaiśālī）、憍赏弥城（Kausambi）等，多为佛教城市。

器物遗迹的存在年代可以追溯到公元前 1700 年。考古学家们还发现了这个时期出现的一种新型窑炉，说明技术在那个时候是进步而非退步的。同时出土的还有大量典型的印度河饰品与器物，制造原料为铜合金、玛瑙、光玉髓，以及精美的彩陶，其中包括 133 颗珠子。有一颗珠子是由棕色玻璃制成的，这是南亚发现的最早的玻璃制品。

1978 年，在皮拉克（Pirak）出土了一些植物遗骸。皮拉克位于俾路支省东部北卡吉平原（upper Kachi plain），离梅赫尔格尔不远，是一个公元前两千纪的农业定居点。托西称，这些植物遗骸"让我们得以了解印度河文明'余烬'中产生的农村地貌是什么样子的。此前，历史学家根据吠陀史诗的字面意思，想象出一幅灾难性的景象，但事实与之相去甚远"。在印度河谷的城市文明衰落百年后，"皮拉克经济富足且多元化"。此前的工艺并没有被抛弃，皮拉克的居民依旧对铜和青金石进行加工、从沿海地区获取贝壳，但大米和粟米加入之前大麦和小麦的行列，成为当地居民的口粮。这种混合种植的模式可能为驯化驮兽——骆驼和马——提供了支持，并且改变了农村地区的经济基础。托西写道："早在公元前 1500 年的皮拉克，印度村庄呈现出的样貌已经与后世欧洲人最初见到的一样了。"[3]

在印度河地区南部，即卡奇和古吉拉特，情况明显是混合的。

在某些地方，定居点明显在崩毁后废弃，而另一些地方则呈现出持续定居的痕迹，只是发生了转变。因此，在多拉维腊，城市东边的大门和其他四周有围墙的建筑只进行了凑凑合合的修缮，而其后建立起来的圆形房屋与城市原本的规划和建筑物格格不入，这看上去是市政管理崩坏的迹象。同样地，洛塔尔也是草草修缮了一下就被废弃了。类似的还有昆塔西（Kuntasi），该地的工业中心于公元前1900年左右废弃，新建的房屋都是用碎石块修筑的；到公元前1700年，昆塔西沦为一个普普通通的小村庄。然而在苏拉什特拉的罗吉迪，这个定居点从公元前1900年左右开始繁荣起来。波赛尔主持发掘了这处遗址，他这样写道：

> 就在摩亨佐—达罗被废弃的时候，罗吉迪的规模却在扩大。在城市南延区（South Extension），人们把地面填高，并在填高后的地基上建造了新的房屋和其他建筑；主丘也重建了。"方形大楼"（Large Square Building）建在北斜坡区（North Slope）。城墙建在定居点靠内陆的一侧，围住了南延区、"方形大楼"以及主丘与城墙之间的空间，并开有一道大门。这就让罗吉迪的大小从2.5公顷扩展到了7.5公顷。[4]

　　但在一个关键的方面，各遗址之间并无差别。在成熟期晚期，有雕刻的印度河印章消失了（最晚近的一枚印章出土于马哈拉施特拉邦的达伊马巴德[1]，大约产生于公元前 1800 年），取而代之的是帕尔波拉所说的"上面只刻了几何图案——例如卍字符——的印章"[5]。例如，哈拉帕出土的印章中，没有一枚是公元前 1700 年（或之后）制造的。另一方面，印度河文字似乎还沿用了一段时间，但貌似只作为装饰，这一点可以从陶器上的涂鸦看出来，这些涂鸦中有一些可辨识的印度河文字。之后印度河文字就消失了。接下来，从公元前两千纪中期至公元前 3 世纪，换句话说，在接近 1500 年的时间内，印度次大陆上都没有本土书写体系的半分例证，直到阿育王时期婆罗米语字母和佉卢文字母开始应用。一个格外引人注目的事实是，恰好在同一时期，吠陀文献被创作出来，且有一个以崇拜话语为荣的种姓[2]兴起了。克诺耶这样认为："印度河文明的末期，次大陆北部书写文字消失可能与吠陀仪轨精英——婆罗门的统治地位上升有关。"[6]文字消失的解释就是这样的：这些婆罗门尊崇记忆而非书写的力量，因为这能使他们将吠陀典籍上的知识限制在本种姓内部 [流传]。他们神圣的文献完全由口头传诵，直到很久之后才在印度教传统的影响下被书写记录下来。甚至现在，婆罗门

---

[1]　即 Daimabad。
[2]　指的就是婆罗门种姓。

祭司还以凭记忆背诵典籍而不是从抄本上诵读出来为荣耀。

再看看印度河文明衰落背后的环境因素，最有可能的应该是印度河、其支流以及附近河流的改道，这一过程是在很长一段时间——甚至是数个世纪内完成的。河流改道会不可避免地影响到特定城市的供水、洪灾及周边地区洪灾的可能性。在纠结于这个棘手的问题之前，可以先来看看摩亨佐—达罗最后一位发掘者戴尔斯的论述。他在 20 世纪 80 年代这样写道：

> 没有人否认，大规模洪水对定居在印度河谷中部的人们而言，应当是日常生活习以为常的一部分。问题的关键

图 45 2010 年，印度河谷遭受洪灾，让人们想起印度河文明就是被印度河这种变化的河道塑造的。印度河河道的变化可能影响了印度河文明的衰落

在于，洪水要达到多大的规模才会对经济造成致命打击，并对印度河文明城市期的衰落造成影响。要解释这个问题，涉及复杂而引人入胜的多学科研究，现在这一研究正在引起科学家们的正视。[7]

戴尔斯建议，熟悉特定遗址的考古学家应当与精通包括地质学、水文学在内学科的自然科学家及物理学家合作。有学者依此指导进行了研究。1993 年，路易·弗朗（Louis Flam）发表了对下印度河地区（Lower Indus Region）印度河河道的重建结果，这一重建综合了历史资料、地貌形成过程的地面观测、地形重建和空中摄影的成果。重建结果显示，在公元前 4000—前 2000 年，印度河河道发生了相当大的改变，而信德地区流向现在的印度河东边的奈拉河（Nara River）河道则没有变化。弗朗总结称，摩亨佐—达罗恰好位于印度河和奈拉河中间，可能落入了"成为洪水每年的主要冲击对象的危险境地"。[8] 摩亨佐—达罗遗址上多层厚厚的淤泥证明了灾难性的大洪水。弗朗认为，印度河河道长期改道使城市洪水泛滥，可能导致摩亨佐—达罗最后被废弃。

从公元前两千纪早期开始，娑罗室伐底河逐渐干涸、消失，带来了相对更明显的影响。引发这一结果的原因可能是外喜马拉雅（outer Himalayas）的西瓦利克（Siwalik）地区地质构造发生变化，印度河源头受到影响，并影响了下游水脉。这一地区的地质构造长期抬升山脉、改变河流进入平原前的河道。到公元前 1000 年，娑罗室伐底河彻底消失了，或者像吠陀文献里栩栩如生描绘出来的那样，这条神圣的河流变成了地下河，在安拉阿巴德（Allahabad）与恒河和阎牟那河融汇为一体。现在，娑罗室伐底河古河道的一部分存在于克格尔—哈克拉河系统（印度的克格尔河和巴基斯坦的哈克拉河，见本书第 2 章），仅在季风季节出现。娑罗室伐底河逐年干涸，势必断绝了沿河而建的许多中型印度河定居点的供水，并迫使当地居民废弃了这些定居点，比如甘维里瓦拉；相应地，也必定减少了克格尔—哈克拉河南部延伸段奈拉河的流量，给下印度河地区的定居点带来负面影响。

　　话虽如此，麦金托什这样写道："娑罗室伐底河的干涸是在数百年内发生的，不太能成为印度河文明崩溃的唯一原因。"[9]造成这个结果的另一个因素可能是时人糟糕的健康状况。法医人类学家肯尼思·A.R.肯尼迪（Kenneth A. R. Kennedy）研究了摩亨佐—达罗遗址上层的人类骨殖，并于 20 世纪 80 年代发表了他的研究成果。他认为这些人并非死于暴力袭击，反而有很多是死于疟疾，或许还有其他疾病。受洪水和霍乱影响，疟疾可能变得更加普遍，这一点无法从如此古老的遗骸中检测出来；它也有可能通过污染饮用水传播，如果城市内的综合排水系统维护欠佳会进一步增加其传播，而

图 46 大屠杀遇难者，还是疾病的受害者？对摩亨佐—达罗这些人类遗骸的法医学研究表明，这些人可能死于疟疾或其他疾病

排水系统维护不当正是印度河文明晚期极为常见的情形。

　　众所周知，在整个早期古代世界，几乎所有考古遗址都很难在合理的争议范围内建立地震 [模型]。在卡利班甘和多拉维腊发现了地震的一些证据。发掘人员在卡利班甘发现了地质沉积物的错位和围墙的下沉；在多拉维腊则发现了更多明确迹象，证明发生过一场大地震：地质剖面有滑断层，建筑结构出现位移，居民们后来还对这些位移进行了修复。不过，卡利班甘的这些迹象发生在成熟期之前，而多拉维腊的地震痕迹全都出现在成熟期内，所以它们无法提供印度河文明晚期的信息。目前，也没有发现什么证据能够证明，成熟期末期这里发生了能够影响文明衰落的地震。

尽管如此，卡利班甘和多拉维腊发生的地震表明，在印度河文明时期，地震也许频繁出现，这与历史上的地震证据是一致的。人们似乎忘记了，卡奇在 200 年内发生了三场大地震，分别在 1819 年、1956 年和 2001 年，其中 1819 年和 2001 年的两场地震都对当地造成了持续性影响。根据一份同时代的殖民回忆录记载，地震夷平了与英政府敌对的建有城墙的城镇，从而巩固了 1815 年之后英政府在卡奇的统治；不仅如此，大地震还形成了一道被称为 "Allah Bund"[1] 的天然水坝，使印度河改道，导致卡奇肥沃的土地变得贫瘠。在对 2001 年地震影响的研究报告中，人类学家爱德华·辛普森（Edward Simpson）写道："农业用地贫瘠了，为了谋生，卡奇人转而进行商贸活动或国际移民。地震产生了一类新的人群和社会。"[10] 他提出，1819 年的大地震是形成 19 世纪古吉拉特流散群体（Gujarati diaspora）的一个重要因素，这一群体树立起今日世界海外古吉拉特人的商业美誉。至于 2001 年的地震，它摧毁了卡奇一大部分的农村和城市，并导致古吉拉特首席部长[2]辞职。他的继任

---

[1]　意译为"真主之堤"。

[2]　在印度和巴基斯坦，首席部长（chief minister）相当于省长，由民选产生；同时还可能有另一个省长（governor），由中央政府指派。二者的关系类似于中央政府中的总理和总统。

者是当时还寂寂无名的纳伦德拉·莫迪，后者引领卡奇进行彻底的工业发展。2014 年，莫迪当选印度总理，很大一部分有赖于他在古吉拉特的经济成绩。尽管还没有考古证据能证明印度河流域公元前两千纪早期发生过地震，我们也不能将其排除在外，它仍有可能影响了印度河文明末期势必发生的政治变迁。

把自然环境因素放在一边，又有哪些可能的人为因素呢？要生产建造印度河城市所需的烧制砖，必须有大量的燃料供应烧砖窑才行，更别提熔炼铜矿石的熔炉了。我们已经知道，目前还没有出土任何烧砖窑，因此考古学家们不能百分百确定烧砖用的燃料到底是什么。几十年来，学者们一直认为燃料是木材。古印度河谷的气候比现在潮湿得多 [植被覆盖率应该很高]，为了获取木材，人们势必对森林进行大面积砍伐，由此导致乱砍滥伐和气候变化。不过现在，地区性气候变化和古代森林存在的观点基本被摒弃了。最近的研究表明，印度河流域自然的灌木植被足以供给烧砖所需燃料，或许还会以燃烧牛粪作为补充。

第二个人为因素是印度河与美索不达米亚的贸易往来于公元前2000 年前后开始逐步减少，不过这一贸易可能在之后的一两百年内都没有完全停止。但是，造成贸易减少的原因依旧是未知的。一个可能的原因是美索不达比亚政治局势的变化。公元前 18 世纪前半期，汉谟拉比统治下的巴比伦帝国崛起，注重与安纳托利亚和黎凡特的贸易，在事实上造成了波斯湾贸易网于公元前 18 世纪的崩溃。另一种可能性是，组织两地间贸易的印度河城市遭到了废弃。换句话说，印度河—美索不达米亚间贸易的衰减可能导致了印度河文明的衰落，但也有可能是印度河文明衰落导致的。

最后，还有从西北方向进入印度河地区的移民这一复杂难解的因素。20 世纪 70 年代，维克多·萨瑞阿尼迪（Viktor Sarianidi）对土库曼斯坦南部和阿富汗北部地区进行了深入而引人注目的研究，看上去，解答移民这个问题的关键应当在中亚。这片区域当时属于苏联，现在，它被称为"巴克特里亚—马尔吉亚纳古文明体"（Bactria and Margiana Archaeological Complex, BMAC）[1]，持续年代为公元前 2400—前 1500 年。

这个文明体一定与印度河文明在后者成熟期有过交流，有可能是通过肖尔特尕伊这个印度河文明"前哨站"，因为在巴克特里亚—马尔吉亚纳古文明体的阿尔丁丘（Altyn Depe）遗址发现了两枚印度河印章和其他印度河物品（象牙制的棋子和骰子），巴克特里亚—马尔吉亚纳古文明体的首都戈努尔（Gonur）[2]还出土了一枚较大的、

---

[1] 巴克特里亚—马尔吉亚纳古文明体，又称"阿姆河文明"（Oxus civilization），是一个由苏联考古学家维克多·萨瑞阿尼迪提出的现代考古学概念。它指代的是中亚地区青铜时代的一个文明，以巴克特里亚的阿姆河上游地区和马尔吉亚纳的穆尔加布（Murghab）河三角洲为中心，范围包括今天的阿富汗北部、土库曼斯坦东部、乌兹别克斯坦南部和塔吉克斯坦西部。

[2] 亦译为"贡努尔"。

有大象图案的印度河印章；这两个遗址都在土库曼斯坦境内。但是，直到印度河文明成熟期末期，都没有证据表明该文明体有移民迁往印度河地区。波赛尔认为，"巴克特里亚—马尔吉亚纳古文明体的居民有可能感受到大印度河地区的'真空'状态，于是迁徙过去填补空白"。[11]帕尔波拉认为，"他们把驯化了的马、驴、骆驼以及印度—雅利安语带到了大印度河谷"。[12]他相信，公元前1900年左右，一波早期移民进入俾路支（锡布里[1]）、信德（强胡—达罗）和拉贾斯坦（吉伦德[2]）；在接下来的几百年中，还有其他许多批移民，其中就包括创作了《梨俱吠陀》的民族。在这些民族的迁徙过程中，他们征服了一个颇有敌意的民族，《梨俱吠陀》中将其称为"达萨"[3]，据说他们的住所是99个堡垒。惠勒推断这个神秘的"达萨"族肯定就是印度河城市的居民，但吠陀学者威廉·拉乌（Wilhelm Rau）在1976年提出，"达萨"堡垒的城墙是圆形的，而且往往是多层同心圆结构，与印度河城市的城墙完全不同。帕尔波拉提出，"达萨"与印度河城市没什么关联，正相反，他们是早前来到印度河流域的移民，居住在有同心圆城墙的堡垒化领地中，这种领地继

---

［1］ 即"Sibri"。

［2］ 即"Gilund"。

［3］ 严格来讲，《梨俱吠陀》中，"达萨"（Dasa）指的既是某个敌对的民族或族群，也指其中的男性，女性被称为"达休"（Dasyu，Dasa的阴性形式）。"达萨"的本意即"敌人"。

承了巴克特里亚—马尔吉亚纳古文明体传统并延续到公元前 15 世
纪之后。帕尔波拉这个新奇的理论既与《梨俱吠陀》中对"达萨"
城堡的描写吻合，又符合已出土的青铜时代巴克特里亚和马尔吉亚
纳的许多城堡的形制，但仍然没有获得全盘接受。即便这个理论是
正确的，使用印度—雅利安语的移民到底有没有在印度河文明衰落
的过程中起作用也仍然是难以确定的。

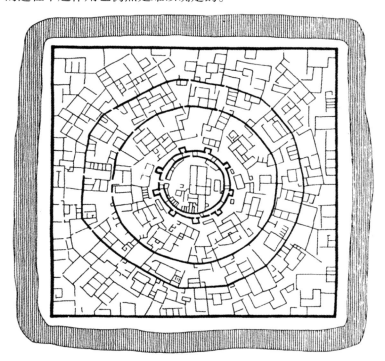

图 47 巴克特里亚（阿富汗北部）达什利 3 号遗址的"庙堡"（temple-fort）的平
面图，建造年代大约在公元前 1900—前 1700 年，有三层同心圆的城墙。其设计
符合《梨俱吠陀》中描述的"达萨人"的堡垒，而与印度河文明城市相异

公元前 1200 年左右，地中海东部的青铜时代文明（包括克诺索斯、迈锡尼、特洛伊、乌加里特以及埃及新王国的文明）崩盘了[1]。就像这些有更详细资料的文明一样，印度河文明的消失也至今都令人困惑。对于地中海地区的情况，学者们曾认为导致文明陷落的是未知的"海上民族"，但是学界至今都没能成功辨识出他们到底是什么人，因此"海上民族入侵导致地中海东部文明陷落"的解释再也站不住脚了。

埃里克·克莱因（Eric Cline）基于现有证据进行了最新研究，他的结论稍欠说服力："[文明的]结束必然是一系列复杂事件的结果，这些事件在整个爱琴海和地中海东部相互联系的王国和帝国中发生连锁反应。"[13] 不幸的是，对于公元前 1900 年之后的印度河流域而言，证据比公元前 1200 年的地中海东部还要稀少。洪水、疾病、地震、贸易中断、外来移民，可能还有一个已经消失的缺乏军事力量的中央政权，似乎都在文明消失的进程中占有一席之地。那些喜欢故事的人们或许会认同麦金托什的观点，即说印度—雅利安语的移民们"或许没有导致印度河文明的灭亡，但无疑为其敲响了

---

[1] 希腊历史中，从公元前 11 世纪迈锡尼文明覆灭到公元前 9 世纪第一个城邦的建立的历史时期被称为"希腊黑暗时代"（Greek Dark Ages），又称荷马时代、几何时代。考古学显示，公元前 1200 年后的一段时间，地中海东部的青铜文明都经历了大陷落，其原因至今未有符合考古证据的定论。

丧钟"。[14] 无论真伪，我个人的推测是，印度河地区河流系统的变化凸显了印度河文明政治结构已有的弱点，并在某个关键时机破坏了其统一性和自信心。我们永远都无法得知全部真相，下一步进展的最大希望应有赖于将来对印度河文字的破译。

第10章
破译印度河文字

印度河文字被讽刺地称为"世界上解读最多的文字"。早在1925 年，就有学者以苏美尔语言为基础发表了第一份对印度河文字的解读。从那时起，发表出来的"破译"超过 100 种，其中就包括 2000 年出版的颇具争议的《印度河文字解密》，我们在第 1 章提到过，书中将印度河语言确定为吠陀梵文。但是，即便几十年来对印度河文字的理解确实有了一些进展，这些"破译"也没有一个能说服什么人——提出者和少数几个其他人除外。

连文本的数量都存在争议。帕尔波拉认为存在约 5000 个有铭文的物体，马哈德万认为是 2906 个，布莱恩·韦尔斯（Bryan Wells）则认为是 3835 个。文本的数量决定于学者如何评估破碎和缺损的铭文。绝大多数铭文——马哈德万认为有 85%——出土于哈拉帕和摩亨佐—达罗。60% 的铭文刻在印章上，但这其中的 40% 是重复的，因此对于可能的"破译者"而言，有用的材料并没有那么多。20 世纪 90 年代，更多铭文出土，但印度河文字语料库（corpus）依旧不够丰富。一个铭文通常简略到令人迷惑：许多铭文只有一个字符，平均而言一行不足四个字符，一个文本中字符也不足五个，最长的一条铭文包含 26 个字符，分布在一个陶制三棱柱的三面上。

除了字符，许多印章上都同时刻有一个动物的图案，或者一个拟人化的形象（比如"湿婆原型"）。动物图案与伴随的铭文有什么关系，甚至说二者是否有联系，都是完全未知的。一个特定的图案，比如独角兽，可能出现在许多印章上，但铭文并不一样。也有反例，一个相同的铭文出现在两块印章上而伴随的图案不同，这样的情况有四例。甚至还有两枚印章，正反两面铭文相同，但是图案却不一样。

因为现存的印度河铭文数量不多，纪念性铭文和临时性铭文（比如陶片上的涂鸦）都很稀缺，而这两种铭文在美索不达米亚、埃及和世界其他地方都相当普遍，所以有三位学者质疑印度河字符是否真的属于某个书写系统。他们分别是历史学家史蒂夫·法默、计算语言学家理查德·斯普罗特（Richard Sproat）和印度学家迈克尔·威策尔。在他们看来，这些字符并不能代表某种特定语言的发音：它们只是与语言无关的符号，有可能具有宗教含义。有多个原因让这个理论很难成真，其中最重要的或许是以下两点：以相同顺序排列的字符组反复出现在不同地方，以及这些字符看上去仅有一个书写方向（后面我们会讲到）。有顺序的字符排列和统一的书写方向是书写系统的普遍特征，而在象征系统或艺术装饰中则正相反，这两点并不是关键因素。此外，通过与美索不达米亚的贸易联系，印度河文明势必对那里楔形文字的使用方法有切身体会。另一方面，印度河铭文数量不多，可能是因为印度河字符属于一个不完全书写系统，仅能表达印度河语言有限的部分，而不像阿卡德楔形文字和英语字母表那样是完整书写系统，是"一套可以传达任何想法的图形符号"。[1] "书写系统"这个定义出自约翰·德范克（John DeFrancis）1989 年出版的《可视言语：文字系统多样性的同一性》（*Visible Speech: the Diverse Oneness of Writing Systems*）一书。

在假设印度河字符是一个完整书写系统的前提下，几位乐观的学者将其与最近玛雅文字的解读进行了比较。与玛雅文字类似，印度河字符也涉及一套庞大而复杂的、部分图形化的符号集；人们也同样不知道任何独立于本文字之外的地点或统治者的名字（这与埃及象形文字不同，解读者可以借鉴古希腊和古罗马史料）。但正如玛雅学家迈克尔·科（Michael Coe）指出的那样，玛雅文字和印度河字符间又有清晰的不同点。人们对玛雅的数学和历法早有深刻了解，比 1952 年第一次对玛雅文字取得语言学突破早得多。迈克尔·科称，玛雅铭文"为数众多，通常很长，而且表达的是完整的句子"；现代玛雅语言也很有名："文化语境丰富而详细，而且很多方面在经历西班牙殖民者征服后幸存了下来。"[2] 最后也是最重要的一点，[玛雅文]有可供参考的双语材料（以西班牙语—玛雅语"字母表"的形式存在）。印度河字符并不具备以上任何一个优点。先不考虑印度河铭文的匮乏度——现存的铭文可能大部分是名字和头衔，学者们对印度河文明的历法体系确确实实一无所知，对数字符号也不确定，只能在现有信息的基础上对这个语言和这个文明做出猜想，而且没有发现任何算得上是"双语"的文本。最关键的是，印度河文明早在古典玛雅（Classic Maya）文明时期的 2500 多年前就已经消亡了，这段时间，无论从考古上说还是语言上说，都是相当长的。

印度河文字了解的真空由严肃的学术研究以及离奇的理论（有些还是颇有声誉的学者做出的）填补，将印度河地区与颇为遥远的地方联系在一起。波赛尔[3]和帕尔波拉[4]分别对这两种途径进行了审视。帕尔波拉这样写道：

> 与印度河文字联系起来的有：居住在中国南部和东南亚的罗罗族（Lolos）抄本，其历史可以追溯到 16 世纪；原始埃兰的算术板；两个世纪前刻在东南印度洋的复活节岛上的意符（ideogram）；伊特鲁里亚[1]陶器上的符号 [波赛尔评论道："简直胡扯！"]；原始印度尼西亚语（Primitive Indonesian）的数字系统；埃及、克里特、赫梯楔形文字；马尔代夫群岛上"佛陀足印"上刻写的迹象符号；以及古

---

[1] 伊特鲁里亚文明（Etruscan civilization）是伊特鲁里亚（Etruria）地区（今意大利中部）发展出的文明，最早的确凿的文明证据可追溯至约公元前 9 世纪，罗马人崛起后，逐渐被同化。此文明主体属于铁器时代，在将希腊文明引入早期罗马共和国的过程中起到了主要作用。

代中美洲的 [玛雅] 图像字符。

让我们来分析一下其中四种相对严肃认真的说法，每种各由一位颇受尊敬的学者提出。虽然这几个说法几乎都遭到了全面否定，但都有值得我们借鉴的地方，告诉我们处理这个困难的问题时应当做什么，以及应当避免什么。需要注意，下文所提到的印度河铭文均应从右向左阅读（我们之后会给出这样做的理由）。

第一个"解读"发表于 1932 年，由埃及学家弗林德斯·皮特里提出，他把埃及象形文字的使用方法套用到印度河文字上。尽管他并没有假设印度河文字和埃及语言间存在联系，但他确实提出，假设这些印章归官员所有且上面刻了他们的头衔，某些印度河符号的象形文字（pictographic）特性、它们的变体和句法规则或许会在其埃及模板上有所体现。由此，皮特里将印度河字符 𝕌 解读为头衔名"主管"（在皮特里的术语中是"wakil"[1]），这个字符是目前已知的最常见的印度河符号，常常出现在铭文的末尾。他认为，符号 ❡ 代表经剪枝的树，符号 🖌 是一个有把手的写字板，是小孩学习用的某种文字板。这样，𝕌🖌❡ 这个序列的意思（从右向左读）就是"木材书记员的 wakil[主管]"。

---

[1] 另外可以注意一下，阿拉伯语里的 وكل 或者波斯语里的 وکیل 均可以转写为"wakil"，有代理人、主管、律师的意思。

按照类似的规律，皮特里认为印度河字符▉与埃及象形文字中代表"灌溉的土地"的符号十分相似，于是将字符串Ʊ▉▉翻译为"灌溉后的土地的 wakil[主管]"。他还记录了另一个常见符号及看上去是其异体的符号：🧍🧍🧍 🧍🧍 。这些符号常常成双出现：🧍🧍 。皮特里认为，这五个异体字符中的第一个（最左边的一个）可能代表"督察"（inspector）或者"地方行政长官"（intendant）一类头衔，两个字符合起来可能表示不同的官阶，比如"分管副督察"或"副局长"；波赛尔戏谑地评价这个对双字符的解释是"天马行空"[5]。实事求是地说，皮特里确实强调了，"这些只是建议，在所有例子中，我所说的'是'表达的都是'有可能是'"[6]。这是个非常严肃而正确的警告，可惜并未被太多之后的印度河文字解读者听取。即便皮特里的推测是正确的，也没有办法证实，因为他使用的方法很大程度上是纯直觉的。但他的推测确实有一点益处：让所有人意识到铭文表达的主体可能与官僚体系有关。也就是说，除非像某些学者那样，认为印度河文明与埃及和美索不达米亚在文字的使用上有根本性的区别，否则不会认为印章上的内容只是玄奥的思想而非经济事务。

第二种"解读"由亚述学家詹姆斯·金尼尔·威尔逊（James Kinnier Wilson）提出，他将印度河文明与苏美尔文明联系在一起。他认为，这两种文明有同一起源，可能就是在印度，然后分为两支，较小的那支定居在苏美尔，较大的那支定居在印度河谷；那么根据这个理论，苏美尔语和印度河语言应当彼此相关，二者的铭文也因此具有了可比性。

金尼尔·威尔逊的解读受到苏美尔泥板的影响，他认为印度河印章应当与经济有关，并将其称为"会计工作实例"[7]。他将皮特里认为是"督察"的符号❍直接解读为"鱼"，其变体𓃚也象形地解读为"鲤鱼"。鲤鱼是广泛分布于亚洲全境的鱼类，嘴边生有线一样的细须（即鱼的触须）。苏美尔语称鲤鱼为"*suhur*"。

接下来，他找出乌鲁克出土的与鱼的配给量有关的苏美尔泥板，将其与三个不同来源的印度河"鱼"铭文相对照：

（苏美尔泥板）

a 　　个 Ⅺ

b 个 Ⅺ 屮 Ⅺ

c 个 Ⅺ 屮

（印度河印章）

　　金尼尔·威尔逊的核心论据是，意为"配给量"的苏美尔符号屮（ba）看上去与印度河铭文结尾的符号个相似。20世纪70年代，他曾认为这个符号是单词分隔符，但到了80年代，他改了主意，（在没有其他证据的前提下）赋予其"配给量"的含义。他进一步将印度河符号屮等同于苏美尔文字中一个形状类似的符号，意思是"伟大的"或"大的"，由此将上文的三个印度河铭文翻译如下：

　　a 鲤鱼配给量（suhur-ba）；

　　b 大鲤鱼的配给量；

　　c 与 b 类似——这要么是一种缩写，要么就是有时候就用"大鱼"指代鲤鱼，而不特别地刻出"鲤鱼"的象形符号。

　　这套"印度—苏美尔"解读方法的缺点是显而易见的。先举一例，为什么 b 中的"鱼"符号与"鲤鱼"符号同时出现？而所有缺陷中最重要的一点，是印度河印章卓越的艺术性和"许多印章是鱼的收据"这个概念间巨大的不匹配。但与皮特里一样，金尼尔·威尔逊的尝试确实也有一个优点：它警示我们在不同文化间比较相似符号的风险，以及如果我们要进行此类比较，就必须注意，不要为了证实我们的先入之见而操纵证据。

第三个"解读"来自考古学家什卡里普拉·拉甘纳特·拉奥（Shikaripura Ranganatha Rao），他主持发掘了洛塔尔遗址，曾任印度考古调查局局长。1982年，拉奥出版了一本详细的大部头著作，提出了自己对印度河文字的解读，其中至少有三个假定是相当激进的。第一，拉奥认为，印度河字符大部分是更小的符号的聚合体。由此，他将一些印度河字符拆解成包括人在内的一系列简单符号：

并得出印度河符号一共有 62 个的结论。这个数字比几乎所有学者提出的可能的印度河字符数都要少得多。

印度河遗址中发现的涂鸦的产生年代应当比印度河文字的成熟时期要晚（印度河文字消失于约公元前 1900 年，这些符号应当来自之后的几个世纪），在研究这些涂鸦后，拉奥假设称，印度河字符最终发展为一个更小的符号群，总共约有 20 个。

接下来，他推测，印度河字符最终演化成了拼音文字，创造出了字母系统，并在公元前两千纪中期传播到了巴勒斯坦，但他并没有说明这个过程是如何实现的——这是他的第二个假设。（学界普遍认同，字母系统是巴勒斯坦的"原创"产物，是在"邻居"埃及的象形文字的单辅音符号基础上创造出来的。）

由此，拉奥得以比较最早的闪族语系字母表、"哈拉帕"（成熟期）符号和涂鸦中的"后哈拉帕"符号。[8]要注意，✶ 和 ♉ 这两个常见的印度河符号并没有对应的闪族语系符号（见下页）：

现在——注意这是第三个推断——拉奥将闪族语系字母的音值[1]赋予他的印度河"字母表"，便可以读出印度河铭文的发音了。根据这样解读的结果，拉奥发现印度河语言与吠陀梵语十分接近，

---

[1]　此处的"音值"（Phonetic values）与下文中的"音值"（Sound Values）应作统一解，是一个与"音位"相对的术语。同一音位（比如一个字母）在不同语言、不同上下文环境中可能读不同的音，而在一个具体情况下读的那个音就被称为"音值"。

S. NO.	PHONETIC VALUE	OLD NORTH SEMITIC SIGNS 16th-13th c.B.C.	HARAPPAN SIGNS	LATE HARAPPAN SIGNS
1	b			
2	g			
3	d			
4	h			
5	w			
6	ḥ			
7	th			
8	k			
9	n			
10	s			
11	ʿ (ay)			
12	p			
13	r			
14	sh			
15	t			
16	ś			
17	ḥ			
18	m			
19	a			
20	r̥			
21	ṣ			

于是从吠陀梵语中找出闪语字母表中"丢失"的两个常用符号的发音，而非从缺少这两个符号的闪语符号中承继。经过他的解读，铭文内容呈现为姓名、头衔和其他绰号（epithet）。

拉奥的这三个假定没有任何独立的考古、文化或语言学证据支持，特别是他还确信，闪族语系的音值可以对应到梵语这一印欧语系里。这不得不让人推测，出于民族主义的原因，拉奥也不过是另一个要证明印度河语言是梵语的祖先、因此梵语肯定是本地土语而非外来语的印度人罢了。

第四个，也是本书介绍的最后一个"解读"由阿拉迪努的发掘者沃尔特·费尔瑟韦斯提出。这位考古学家在印度河谷和周边区域（还有埃及）的发掘上花了数十年时间，美国自然历史博物馆（American Museum of Natural History）提供了部分资金支持。1983 年，他在《科学美国人》（Scientific American）杂志上发表了一篇长文，后于 1992 年出版成书。与拉奥一样，他也在文章中信心满满地认为自己已经"完美解决"了这个问题。（我想起了大英博物馆印度河印章部分的馆长，当时他刚刚听完来博物馆的费尔瑟韦斯"读"的印章内容，因为觉得匪夷所思而一脸滑稽。）但不同于拉奥的是，费尔瑟韦斯并不认为印度河语言最后发展成为早期梵语，而认为它是达罗毗荼语的一种早期形式，现在印度南部所使用的就是达罗毗荼语系的语言。

费尔瑟韦斯的解读既简单又复杂。说它简单，是因为它可以归结为以下三步。首先，从象征或形象上确定一个印度河文字"看上去"像什么。其次，从一个达罗毗荼语系的语言中选一个符合这个视觉意义的词汇。最后，以选定的达罗毗荼语词汇的定义出发，以考古、文化和语言学证据为基础，确定这个印度河符号可能代表的含义区间。而这个方法的复杂性也很明显——上述每一个步骤都会产生歧义。同样的符号在不同的人看来有不同的含义（第一步）；对任一选定的"象征符号"，一般有多个词汇可以对应（第二步）；最后，不同学者可能从相同的证据中得出南辕北辙的结论，当这些证据彼此冲突的时候尤甚（第三步）。更别提最重要的一个事实是，就算印度河语言是达罗毗荼语，那也是比现存最早的达罗毗荼语还要早 2000 余年的语言了，要知道目前已证实的、现存最早的达罗毗荼语词汇发现于印度南部泰米尔纳德邦的一个古泰米尔语铭文中（约公元前 3 世纪）。一种语言经历了这么长时间、这么多的发展变化，用它来做它早期形式的索引指南，可信度有多高？

能说明这些困难的最好例子大概要属 🜂 这个符号了。大多数学者认为它代表"鱼"的形象，只是在它的意义上有所区分。但是，费尔瑟韦斯倾向于认为这个符号代表拧转、圈环或者绳结的一部分。他给出的一些原因确实可供思考，例如事实上印度河刻写员（scribe）似乎总是以从下到上的笔顺刻画这个符号，就像一个人画圈那样（但大概不会这么画一条鱼）；这个符号的许多变体有小"身体"和许多"尾巴"，这是事实；以及实际上所有已知的印度河谷鱼类都有多个鳍，而不是只有一对。在直觉的指引下，费尔瑟韦斯从诸多表示"拧转""圆圈"和"网"的词语中，选定了"*piri*"这个词，并将其与另一个达罗毗荼语词"*pir*"联系起来，"*pir*"的意思是"头领"。由此，他将"鱼"符号及其变体（包括所谓的"鲤鱼"符号）"翻译"如下：

"*pir*" 一个常规等级的头领；

"*talpir*" 首领；

"*acci-pir*" 长者；

"*maru-pir*" 大祭司。

没有人同意他的观点，只要一个理由就足够了：他的翻译太过主观（而且他也没有接受过语言学方面的训练，至少肯定没接受过达罗毗荼语系语言的训练）。就连费尔瑟韦斯忠实的学生波赛尔也在总结所有这些重大的"解读"理论时不得不写道：

> 因为对这些符号的基础研究近乎于无，也少有学者分享纲领性视角，印度河语言的书写系统仍未被解读也并不令人惊讶。每个人都凭借自己的天赋试图直接拿取"圣杯"[1]，但所有的解读都太有特殊性了，不太可能用以进行一个有成效的、有扩展结果的研究。费尔瑟韦斯曾说："我相信，通过这些[也就是他的]努力，[印度河]字符的最终破解只是时间问题。"我们基本没什么道理同意他的话；事实上，情况与他所说的恰恰相反。9

---

[1]　亚瑟王圆桌骑士寻找的圣杯，波赛尔在这里指的是"成功解读印度河文字"。

波赛尔认为印度河文字缺乏基础性研究，低估了数位杰出研究者的研究果实，特别是接下来会谈到的马哈德万和帕尔波拉的研究。但是他的其他批评，即研究印度河文字的学者总是"单打独斗"、想要"独占鳌头"——一个破译玛雅文字过程中不可能出现的批评——确实有道理。不过也有人会反驳，印度河文字的谜题太棘手，只有那些对自己的直觉十分自信的人才有胆量挑战。

在仔细分析了上述四个过于乐观的"破译"后，我们来看一些更加谨慎、有逻辑的解读。如果不靠连蒙带猜，只对印度河铭文做纯粹的内部分析，能得到什么样的结果？我们接下来会看到，这样的分析能够确定书写和阅读的方向；能基本掌握印度河字符的数量，并建立起获得一定认同的符号清单；在一些数字上达成一致；一个特定的文本可能如何切分、拆解为单词。

首先有必要说明，学者们要解读的是印章印出来的文字和图案，而不是印章本身，因为印章上的文字自然是反刻的。（这里有存疑的地方。印章的数量远比留下来的印痕的数量多，很多印章也几乎没有磨损，说明很多印章可能不是用来盖戳，而是作为"名片"甚至护身符随身携带的。）幸运的是，我们很容易确定正确的文字朝向，因为我们可以将印文中字符的顺序和朝向与顺序相同的、明显供阅读的文字中的字符列进行对比，比如陶器上的涂鸦和金属工具上的字符。整体来说，二者是吻合的。

　　说到书写的顺序，我们可以借用有方向的象形图案——比如——朝向的方向来推测文字的书写顺序。举个例子，在埃及象形文字中，这种有指向的图案面朝的方向，与阅读顺序正好相反[1]。但实际上，虽然印度河印章上的主要图像（比如独角兽图案）大多数——也有例外——朝向右边，印度河文字的朝向与此并不一致。

　　阅读顺序最可靠的依据是铭文的空格。如果一个短文本顶着右侧的边缘起始，而与左边缘留有距离，这个铭文有可能是从右往左写的。如果左侧字符有压缩挤凑，也能得出同样的结论。比如这枚印痕：

---

[1]　如果符号朝向左边，就是从左往右读，如果朝向右边，就是从右往左读。

另一枚印痕是这样的：

根据帕尔波拉的研究，字符序列 ＼人凸 从未在其他铭文中出现在最左端的位置，而 ∪人凸 在最左端的位置出现了 76 次。这就说明，因为左边空间不够了，刻写员不得不把最后一个字符写到第二行，也就是说这枚印痕应当从右向左读。（采取相反的方向，即从左向右读，就会留下 ∀∪ 这对字符为结尾，而 ∀∪ 这个组合在其他地方只出现了一次，还是在一个铭文的中段。）

更为有力的证据是下面这枚出土于哈拉帕的印痕：

很明显，[要阅读这枚印痕] 读者需从印痕的右上角出发，顺时针旋转 90° 两次，而且第三条边的一部分和第四条边是空白的。

能确定阅读方向的另一个决定性证据来自一枚简单的印文：

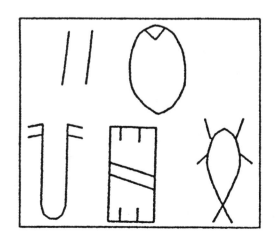

20 世纪 70 年代，马哈德万对印度河铭文语料库进行了详细分析，发现 ⊪○ 是印度河文字中最常用的字符对：在 291 处实例中，这个字符对有 245 次出现在一行的最右端。之前已经说过，∪ 是出现频次最高的印度河字符，在它出现的 1395 次中，有 931 次在一行的最左端。当然，在某些印章中，这两者肯定有不遵循上述规律的情况，但相对少见。从统计学上讲，字符对 ⊪○ 和单字符 ∪ 同时出现在一个印章上（比如上面那枚印文），同时不遵循规律的情况不太可能出现（也就是说，⊪○ 没有出现在一行的最右端且 ∪ 没有出现在一行的最左端），所以我们可以得出结论，印度河文字一般是从右向左读写的。但是，也有一些字符串是从左向右读的（根据马哈德万的统计，能够占总语料库的 6.6%）；而且不可否认的是，还有九个特例采用了牛耕式转行书写法（boustrophedon，希腊语"像牛耕地一样"），就是奇偶行交替变换书写方向。

在破解古文字时，最基础的工具包括清晰准确的照片语料库和线描图（以防照片不足以看清细节）、一份可靠的符号清单和一份编纂有每个符号在语料库中出现情况的用语索引。对印度河文字来说，这些工具就是马哈德万和帕尔波拉的成果，他们从 20 世纪 70 年代起进行相关研究。不过他们各自进行研究，彼此间也可称得上惺惺相惜。帕尔波拉的三大本照片集收录了印度、巴基斯坦和世界其他地方出土的印度河文字的图像，为这一文字的研究带来了彻底的改变。他 1994 年发表的符号清单中列出了 386 个字符和 12 个未编号的字符（而马哈德万整理出了 419 个），学界普遍认为这个清单是相当优秀的成果，特别是马哈德万，他认为没有任何一份符号清单比得上帕尔波拉的这份，连自己的也不行。在为异体字和尚未发现的符号留出空余后，马哈德万估计，"依照现有资料，印度河字符总数最可能有 400—450 个"。[10]

这一数值非常重要。对于音节文字系统[1]（或者像拉奥认为的字母表）而言，这个数值太大了；而对于像中文那样有数千个语标的文字来说，这个数值又太小。与之最接近的要属有超过 600 个符号的苏美尔楔形文字和有大约 800 个符号的玛雅图像字符（尽管其中有许多几乎没怎么被用到过）。大部分学者由此推测，印度河文字可能是一种音意兼表的文字，就像与其同时代的西亚语言一样，但鉴别语音音节的工作进展甚微。

帕尔波拉同他的合作者也将这些符号标准化，并经计算机分析后编纂了用语索引，但他的这项工作并没有受到那么多关注。计算机分析原则上是个好方法，但如果符号列表存疑，就有可能得出误

---

[1]　音节文字系统即 "syllabic writing system"。表音文字（alphabetic）分为音节文字（syllabic）和音位文字（phonological，亦有"音素文字"的说法），前者一个字符表示一个音节，比如日语；后者一个字母保持同一种书写形式而不包括具体发音，比如阿拉伯语。

导性的结果。很明显，我们不能依赖电脑去分辨哪些符号是异体字（变体）、哪些符号是连字（两个或两个以上字符的组合体）。拉奥是一个极端，他无情地摒弃了异体字和连字，将符号列表简化到了只有 62 个符号；而韦尔斯是另一个极端，他认为一共有差不多 600 个符号，帕尔波拉视之为开倒车。没有人（拉奥除外）愿意看到 [大量削减字符数量] 给潜在信息带来的巨大减损，但字符数的上限究竟应该是多少，却没有那么明确的回答；换句话说就是，有多少可能的异体字和连字需要被识别为独立的字符，才能消除歧义。要编制一份印度河字符的列表，除了字符的外观之外几乎没有什么其他依据，而马哈德万也承认，"任何这样的方法都注定是主观而模棱两可的"。[11]

　　不过，还是有几个可行的策略。我们知道，Ⴉ和Ⴈ这两个符号是异体字符，因为它们各自能与 12 种左右同样的字符串搭配，而且在这个常见的组合中可以互换，即ᵁᴵᴸ和ᵁᴵᴸ。而我们又可以通过位置频率分析得知，ᵁ、ᵁ和ᵁ这三个符号很可能不是ᵁ这个符号的异体字符。（符号中的小短线则可能是某种异体符，类似于法语中元音字母上的重音符号，例如 é、è 和 ê。）ᵁ这个十分常见的简单符号通常出现在铭文末尾（结束位置），而在它出现的 1395 次中，仅有一次出现在铭文开头（起始位置）。其他三个符号的统计数字如下：

⨃共出现 177 次，其中 20 次在起始位置；

⨃共出现 35 次，其中 4 次在起始位置；

⨃共出现 51 次，其中 25 次在起始位置。

就此，史蒂文·邦塔（Steven Bonta）写道："看起来，⨃、⨃和⨃与⨃之间一定存在关联，但它们应当是不同的符号、分属不同的功能子集，而不是简简单单的异体字符。"[12] 邦塔试图不对印度河语言进行任何假设，仅对印度河字符本身进行分析。但正如帕尔波拉——他认为这四个符号彼此完全独立——所说："当一个符号出现的频次非常高时，运用上下文标准得到的结果相当有说服力，但如果符号只出现有限的几次，结论就必然是值得怀疑的。"[13]

辨识印度河字符中的数字格外有挑战性。铭文中出现了由个数不同的短线组成的组合（1—10 条和 12 条短线的组合都有，唯独没有 11 条短线的组合），例如下页图左上角"鱼"符号周围的短线，也有长线条的组合（下页图中出现了 1—7 根线条的组合）。这些线条组是否代表了数字？如果是的话，短线条和长线条之间有什么区别？

实际情况要更复杂，因为常常有单或双短线明显不作为数字使用的场合：单短线时常出现在一种旋涡纹符号旁，而单短线和双短线也会像长线条组合那样，同时出现在同一个文本中。（短划线看上去像是被用来分隔单词，但其他证据显示它们并不是，我们一会儿将讨论。）当然，单短线和双短线也有可能既可以作为数字使用，又具有非数字的功能，就像罗马数字 V、X、C 和 M 那样，它们也是拉丁字母表中的字母。

与此同时，12 条短线的组合看上去也不太像数字。于是，马哈德万对除了 1、2、12 之外的其他短线组合（即 3—9 条线的组合）进行了频率统计，它们在语料库中出现的频次如下：

		频次
3	‖‖	151
4	‖‖‖	70
5	‖‖‖／‖	38
6	‖‖／‖‖	38
7	‖‖‖／‖‖	70
8	‖‖‖／‖‖‖	7
9	‖‖‖‖／‖‖‖	2

大于 7 的短线组合频率出现了断崖式减少，而且长线组合中线条数也没有超过 7 条，因此费尔瑟韦斯认为，印度河文明采取的是 8 进制（而不是我们常用的 10 进制），达罗毗荼语中也有使用 8 进制的证据，提高了这一推断的可能性。但是，这又与印度河数字采用 10 进制的证据相抵触；图下符号代表了 10、20 和 30 并以此类推：

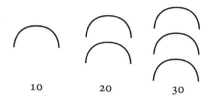

就像印度河砝码体现的那样，印度河文明为不同的目的采取了不同的数值系统（例如记数和称重不同）。至少有一位研究者——即邦塔——认为，各种与短线组合同时出现的"鱼"符号用来计数；据他的观点，"鱼"符号代表了计量系统中的数量。

帕尔波拉的评论很好地总结了目前围绕数值系统的种种不确定：

> 看起来，"重复出现的长竖线代表数字"这种情况只出现在早期铭文中（哈拉帕的计数板）。在成熟期字符中，较小的数字（个位数）完全由短线表示（短线成一排或两排），长线条则有其他含义。如下事实可以推导出这个结

论：特定象形符号（特别是 𝕩、Ｙ和Ｕ）前会出现数量不同的短线，但除非在早期文本中，否则长线的数量并没有出现这种情况（至少并不明显）。另外，晚期铭文中，并非所有短线组合代表的数字都能在长线组合中找到对应，长线组合出现得更少，且多以几个固定的序列出现。[14]

很明显，数值系统还需要进行进一步的研究，就像研究美索不达米亚的计数板一样，这也是所有人的共识。但是，印度河铭文基本不可能是账本，因此不太可能对计数的问题做出直接回答。马哈德万和帕尔波拉都在各自的符号列表中为长短线组合保留了不同的符号编号。

现在，我们终于要讨论单词分隔符和印度河文本如何断词的问题了。最有说服力的方法之一是，首先选定一个长文本，然后在语

料库中搜索构成这个长文本的短序列。比如左边这个例子，在这个七字符的印文中，前两个字符与后面的字符间很可能有一个词界（word boundary）。

做出这个判断的依据是，我们发现另外两枚印痕，其上的字符组合起来能够形成上面那枚印痕上的字符序列：

在引入第四枚印文后，我们甚至可以推断出，这个七字符的文本——或许是个短语而非单词——还有第二个词界。第四枚印文包含七字符文本中的最后三个符号：

在某些铭文中，单短线或双短线一眼看上去像是单词分隔符，上面的七字符印文就是一例。比对下面两组共五个铭文，这个解释看上去十分可靠：

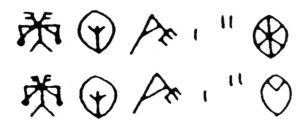

但当铭文中单短线和双短线彼此紧挨着出现时，这个理论就面临挑战：

而且，单/双短线最常紧随着铭文的第一个字符出现，这个位置对于单词分隔符来说相当奇怪；它们也会出现在铭文末尾，而这恰恰是最不需要单词分隔符的地方。同时，正如帕尔波拉所说，"如果这个符号真的是单词分隔符，那就很难解释，为什么它们在这么有限的文本空间里出现得这么频繁"。[15] 例如：

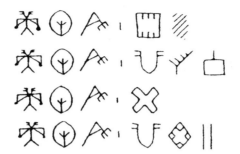

　　它们在语料库中出现得并不规律，而单词分隔符应当是规律出现的。

　　拆分文本的另一个比较可信的方法，就是利用"字符对频率"，统计每两个字符的组合在整个语料库中出现的次数。如果字符对频率高，说明这两个字符之间关联密切，因此这个字符对有可能是一个单词的一部分；而低字符对频率则说明两个字符间关系较弱，或许二者间存在词界。那么，对于一个六字符的印度河文本"ABCDEF"，例如下面这个马哈德万拆分的文本，我们计算相邻两个字符出现的频次，得到数值为 AB83 次，BC17 次，CD1 次，DE40 次，EF93 次：

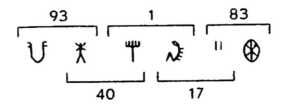

比较字符对频率可知，两个频率最低的字符对（1 次和 17 次）中可能存在词界，这样我们可以将这个文本按以下方式拆分（这里双短线符号虽然出现在词界旁，但并不看作单词分隔符）：

"通过这种方法，基本上所有长文本都可以拆分出构成文本的短语和单词"，马哈德万这样写到。[16] 不过，当一个文本中的字符对频率相差不太大时，结果还是有争议的。

本章到这里已向大家介绍了学界在印度河文字上的共识，也列举了少数派观点。接下来的内容更多是推论，但其中的一些猜想相对更有依据。为了避免混乱——印度河文字解读中已经有太多此类风险了，我们会关注那些至少被一位权威学者认可的观点。

最重要的问题自然是印度河文字对应的语言。哪怕是提出一个猜想，也必须忽略印度河语言业已消亡的可能性。做出这种忽略也是有理由的，因为印度文明具有非比寻常的文化延续性，比如在现在的印度教中，四吠陀依然占有核心地位。那么，学者必须研究《梨俱吠陀》这一现存最早的印度文本，看看它能为印度次大陆上现行语言的起源提供什么信息。这些语言属于不同语言系属[1]：印度——雅利安语支[2]（北部）、达罗毗荼语系[3]（主要在南部，中部也有）、蒙达语族[4]（主要在东部）和藏缅语族[5]（喜马拉雅山麓），或许还要加上一两种其他语言，比如著名的布鲁夏斯基语（Burushaski），其使用范围仅限巴基斯坦北端、靠近中巴边境的一个与世隔绝的地区。

《梨俱吠陀》使用的梵语无疑属于印度——雅利安语支，但其中包含 380 个从上述其他印度语言中借来的外来词，说明这些语言在吠陀时代就已经存在了。毫无疑问，梵语最大的基语言[6]就是达罗

---

[1]　语言系属对我们而言并不陌生，大家大多听过"四大语系"的说法，汉语就属于汉藏语系，大致层级结构为语系—语族—语支—（亚语支）—语言。但是，自然语言的起源、演化关系和分类方法自概念提出的那一刻起，就注定面临诸多争议。目前国际上主要采用《民族语》（*Ethnologue*）体系，本书关于语系、语族的分类也主要参照这一体系。需要注意的是，《民族语》体系也是一个非完全定型的体系，许多学者对语系、语族、语支的划分依据持不同看法，由此产生了不同的"亚体系"。

[2]　印欧语系—印度—伊朗语族—印度—雅利安语支，梵语、巴利语、印地语、乌尔都语、旁遮普语等都属于这一语支。

[3]　达罗毗荼语系是《民族语》中所列的语言种类最多的 15 个语系之一。

[4]　南亚语系—蒙达语族，一个体量较小的语族，主要在印度的中部和东部及孟加拉国使用。南亚语系旧称孟—高棉语系，或译澳亚语系，越南语、高棉语、孟语等都属于这一语系。

[5]　汉藏语系—藏缅语支。藏缅语支是分布于中国西南部、印度东北部、尼泊尔、巴基斯坦、不丹、缅甸、泰国、越南等地的一组语言，包括藏语、缅甸语、彝语等。

[6]　基语言（substratum）指的是某一地域范围内原本存在，后被入侵语言取代、但同时也对入侵语言产生影响的语言，在入侵语言确立主导地位后，基语言可能在当地消亡，或者成为当地的"方言"，但在其他未被入侵语言影响的地区可能仍旧保有主要地位。

毗荼语，侧面印证了公元前两千纪印度—雅利安语使用者和达罗毗荼语使用者之间的互动相当频繁。因此，学者们声称，吠陀时代之前，印度河文明的语言要么是印度—雅利安语，要么是达罗毗荼语，不过也没有完全否定蒙达语的可能性，威策尔和其他一些学者就支持蒙达语。

如果我们认同印度—雅利安语是在印度河文明成熟期之后才（从中亚）来到印度河流域的，那么印度河语言是印度—雅利安语的假设就完全不成立了。而且，哈拉帕和摩亨佐—达罗发掘出的城市文明与《梨俱吠陀》中描述的游牧生活几乎完全不搭界——这一点很重要，我们之后会再探讨。但是，印度教民族主义者拒绝接受这类按照时间先后的、采用比较方法的观点，并坚信印度河文字对应的语言与吠陀梵语相近。

一眼看上去，达罗毗荼语的假设也不太可能，毕竟现在达罗毗荼语的使用区基本仅限印度南部，与印度河地区相去甚远。但通过更进一步的研究发现，印度次大陆北部现在还有些地区使用达罗毗荼语系语言，例如库鲁克语（Kurukh）、马尔托语（Malto）和布拉灰语（Brahui）。说布拉灰语的人大约有 30 万，生活在俾路支省，营游牧生活。这个地区距离印度河谷相当近。布拉灰语使用者可能就是曾广泛生活于次大陆北部的达罗毗荼语文明的后裔，这个文明在公元前两千纪被印度—雅利安语使用者蚕食，终至消亡。马歇尔将其称为"达罗毗荼语的孤岛，也许是雅利安人进入次大陆之前的遗产"。[17] 从相反的角度来说，也可以认为布拉灰人是从印度南部迁徙到北部的；但一个民族会从相对温和宜人的印度平原移居到俾路支地区崎岖的山区，看上去不太可能。帕尔波拉的疑问就很有道理："如果布拉灰人不是俾路支的原住民，谁是呢？肯定不是现在的俾路支人，因为他们公元 10 世纪或者更晚的时候，才从伊朗北部来到这里。"[18]

这样看来，相比印度—雅利安语假设，"印度河文明的语言是达罗毗荼语"的假设虽然未经证实，但看上去还是相当可信的。假设这一猜想是正确的，那么研究者应当能够借助达罗毗荼语文化和宗教以及印度河文明的考古证据，从该语系中产生较早的语言，如泰米尔语、泰卢固语、马拉雅拉姆语和坎纳达语中，找出能与印度河印章及其他有刻印的物品上的图形和图像有联系的词语含义。这恰恰就是包括费尔瑟韦斯、马哈德万和帕尔波拉在内的许多学者进行的工作，他们的工作得出了一些令人着迷的成果。但问题是，没人能确定他们的解读是正确的，还是仅仅是异想天开。

20 世纪 50 年代，生活在印度的耶稣会教父亨利·埃拉（Henry Heras）首次依据这个思路给出了最简单的例子。尽管他的部分猜想是很荒谬的，但依旧颇有影响力。他提出，在几乎所有达罗毗荼语系的语言中，代表"鱼"的单词发音都是"*mīn*"；而在许多达罗毗荼语系语言中，"*mīn*"这个词同时也有"星星"的意思。那么，印度河印章上十分常见的"鱼"符号有没有可能发音就是"*mīn*"，同时拥有"鱼"和"星星"两个含义，并且像帕尔波拉论证的那样，是神性的象征符号并因此代表"神明"？这样，"鱼"符号就可能作为一个象声或象形的组成部分，出现在某个由神名复制或衍生而来的名字中。这种现象在印度文化中相当常见，印度人名常常来自男神或女神的名字，例如罗摩（Rama）[1]、克里希那（Krishna）[2]、加内什（Ganesh）[3]、英迪拉（Indira）[4]、拉克希米（Lakshmi）[5]、阿兰达蒂（Arundhati）[6]。

有人会反对这个观点：为什么星星不像鱼那样，也有某个象形符号来表示呢？说英语的人常常用几根交叉于一点的短线表示星星（或者说"闪烁"），但这也只是我们表示太阳以外的星星的特别符号；当我们想要表示太阳的时候，通常会画一个圈，再以这个圈为中心划上发散的"射线"。或许可以推测，印度河书写员们可能是根据自己语言中"太阳"和"鱼"的同音异义的状况，选择了一种

---

[1]　印度两大史诗之一《罗摩衍那》的主人公，主神毗湿奴的化身之一。

[2]　即黑天，主神毗湿奴的化身之一。

[3]　即象头神，主神湿婆的儿子。

[4]　"Indira"是吉祥天女的别名，意味"繁荣""美丽""幸运"。

[5]　即吉祥天女，主神毗湿奴的妻子。

[6]　仙人婆私吒之妻，代表金星和大熊星座中的开阳增一。

更加微妙的、有别于我们的习惯的表达方式，而在英语中，"太阳"和"鱼"这两个单词间并不存在这种同音异义。（英语中较为合适的类比应当是"son"和"sun"这两个单词。）19 世纪 50 年代，南印度主教罗伯特·嘉威尔（Robert Caldwell）识别出了达罗毗荼语系；他以优美的笔触这样写道：

> 有谁会在看到热带海洋或泻湖中随着鱼儿的每个动作带起的粼粼波光之后，还要怀疑，用如上这个表示闪光（glow）和闪耀（sparkle）的词，去代表水体中穿梭闪烁的鱼儿和夜空中明灭闪烁的星星，是不合适的呢？[19]

在埃拉的"解读"的基础上，帕尔波拉做了进一步延伸，并对一系列引人注意的印度河印章符号做出了解释。这些符号都由一个"鱼"符号和看上去代表数字的数根线条组成。帕尔波拉将"鱼和三根线"的符号翻译为"*mum mīn*"，在古泰米尔语（Old Tamil）中意为"三星"，指的是鹿首[1]星群[2]；"鱼和六根线"是"*aru mīn*"，"六星"，指昴星团；"鱼和七根线"则是"*elu mīn*"，"七星"，指的就是大熊星座。

---

[1]　"Mrigasirsa"，意为"鹿的头"，是吠陀天文学中的一个星座名称。
[2]　星群即"asterism"，指一小组星星，或一个小星座。

对此，马哈德万表现得相当谨慎：

> 古泰米尔语中就有对这三个星座的记载，而且以星星的数量命名，这很有意思。但是，没有证据能证明这种解读就是唯一正确的。在印度河文献中，有数种"数词＋符号"的组合序列，而把"数词＋鱼"的序列解读为星座，无疑是将其特殊化了。[20]

帕尔波拉还解读了另一个常见的印度河符号⊗⊗。这个符号由两个相交的圆圈组成，他认为它代表"耳／鼻环"或者"手镯"。（费尔瑟韦斯可是把这个当作数字8！）印度河遗址中出土了相当多精美的石制手镯，其中许多雕刻了符号；帕尔波拉指出，"交叉环"符号在手镯上出现的频率与在非手镯铭文中出现的频率有天壤之

别，说明这个符号的含义可能与手镯有关。尽管情况更复杂也更有
争议，但基于这个符号在其他各种铭文中出现的状况推断，这个符
号有可能是一位神灵的名字。达罗毗荼语中，"手镯"对应的词汇
之一是"*muruku*"，与早期泰米尔语中代表战争和爱情的年轻主神
穆鲁坎（Murukan）几乎算得上同音异义。因此帕尔波拉认为，"交
叉环"符号可能代表穆鲁坎；他还援引了大量印度宗教和民间传统
中的耳环和手镯来支持自己的论断。

马哈德万认为，帕尔波拉有些过于青睐对印度河符号进行宗教
上的解释。他觉得帕尔波拉的论断很有吸引力，但同时依旧保持怀
疑的态度：

交叉圆圈的符号确实很有可能以图像形式代表一对耳
环，但要赋予它语音上的含义，其实非常困难。帕尔波拉
选择的词汇代表了用金属丝扭转形成的手镯、护身符、耳
环或鼻环，其核心词是"扭转"，词根则是"*murugu*"，在
古达罗毗荼语中意思就是"扭转"。但是，那些经打磨的、
玻璃化的石制手镯并没有任何扭转的痕迹，因此这个解释
看上去不太可行。还有很多其他的词汇也表示手镯，但[帕
尔波拉]并没有选择它们，因为这些词汇无法与他目标中
的"穆鲁坎"这个词构成同音异形的关系。我个人认为，

如果印度河谷的先民是达罗毗荼人，他们信奉的神灵中一定有一个叫作穆鲁坎，但他的名号却藏身在其他印度河符号中。[21]

无论印度河语言产生出什么样的大小差别，有一件事是肯定的，就是对印度河字符的解释天然地具有不确定性。我们以一个警示性的例子来结束这一部分。上文已经提到，除费尔瑟韦斯外，几乎所有学者都认为 ⋔ 描绘的是鱼；但现在来看看印度河字符中最常见的符号 ∪。帕尔波拉认为这是一个长角的奶牛头的正面像；费尔瑟韦斯认为这是个有提手的罐子；而在另一个学者尤里·克诺罗佐夫（Yuri Knorozov）看来，这是一棵菩提树。每个学者都有自己的理由。在他自己那本对印度河字符进行了十分广博的研究的书中，帕尔波拉也不得不在后记中承认：

> 许多符号……实在太简化、太概要，要准确、无歧义地理解它们的图像含义是十分困难的。另一个劣势则是材料的稀缺性……除非获得其他有根本性不同的原始资料，否则印度河文字看上去几乎不可能全部得到解读。然而，这并不是我们放弃努力的原因。[22]

帕尔波拉的分析诚实、科学且真实，甚至有些令人不那么激动。毕竟，解读玛雅文字也花了 100 多年的时间，期间还有数次错误的开端及停滞，而印度河字符的解读者们能利用的材料更少，研究对象更古老，研究的时间也尚不足百年。我认为，如果未来巴基斯坦和印度的考古发掘能够继续下去，而且出土了大量新的铭文，特别是长度更可观的文本，就有可能形成一个不免有限、但受到广泛接受的对印度河文字的合理解读。无论如何，有一点是确凿无疑的：印度河文字将始终是世界上被解读得最多的文字。

第11章

印度教的印度河起源？

在一些印度河印章和许多印度河字板上都描绘了鳄鱼的形象。这并不奇怪，因为恒河鳄（gharial）这种以鱼类为食的鳄鱼是印度次大陆的原生物种。甚至某些时候，图像里的恒河鳄嘴中有表示"鱼"的符号（说明这个符号有时候就表达了最直白的象形含义）。令人困惑的是一片成熟期陶片上的图画。此陶片出土于信德的阿姆利，上面画着两条鳄鱼和一个鱼符号，其中一条鳄鱼的图像（另一条的图像已经残缺了）没有后腿，取而代之的是一根从鳄鱼身体后部突出的、看上去像棍子的东西，与鳄鱼的身体成直角，将鳄鱼的图案与画面中心连接起来。

在解释这个图像时，帕尔波拉将其与古吉拉特南部一种特殊的鳄鱼崇拜进行了颇有道理的关联。有两位学者在 20 世纪 70 年代对这种民间信仰进行了记录，当时还有差不多 50 个村子保留着这一习俗，但现在已经迅速衰微了。帕尔波拉这样描述此种崇拜仪式：

> 四面或者八面的鳄鱼像，通常是一对，由木头雕成，安在木杆上。安装庆典是为了庆祝这对鳄鱼结婚，人们在鳄鱼像上涂抹朱红色香膏[1]礼敬它们，贡品为鸡或者羊，以及牛奶或酒，之后参加庆典的人会食用它们。雄性鳄鱼

---

[1] 这种朱红色香膏在印度的各种宗教仪式中均有应用，表示礼敬、祝福。印度教婚礼上新娘脚底和手心涂的红色也来自这种膏状物。

旁边可能还伴有一个"林伽"样的木柱，而一对鳄鱼有时候也以单只双头鳄鱼像代替。[1]

　　人们供奉鳄鱼神，所求的无非是一个印度村庄通常祈求的恩赐：保佑女性多子多孙，希望母牛多产奶、多生小牛，以及抵抗干旱、疾病和巫术的侵袭。

　　这些古吉拉特村民都是印度教徒，践行的是被称为"乡村印度教"的宗教传统。一般而言，"乡村印度教"中必有一位母神，她是村庄的守护神，她的配偶或仆从以公牛或水牛为象征，人们供奉她的陶像或石像，并敬拜居有神灵的圣树。相同的习俗很可能早在

图 48　阿姆利出土的绘有鳄鱼的陶片，看上去描绘了一种从印度河文明成熟期延续至今的鳄鱼崇拜

四五千年前就在古吉拉特村落里流行了，因为公牛、水牛、鱼、孔雀、无花果树——特别是菩提树和印度榕树——都是印度河彩陶上的重要图案，这些彩陶在印度河文明的早期和成熟期均有生产。我们都知道，始自马歇尔的所有印度河文明的早期发掘者都在印度河文明中感觉到印度教的某种源头，接下来的几乎所有研究者也都是这么认为的。恰克拉巴蒂写道："[我] 并不是说印度河文明时期就存在现代形式的印度教，而是认为印度教信仰体系中的某些主要元素已经出现在已有的印度河文明发现中了。在印度河文明中，有可能追溯出其后印度宗教的部分主要元素，特别是在信仰崇拜方面，例如女神崇拜、对树的崇拜以及对某些动物的崇拜，等等。"[2] 但印度河文明，特别是其城市文明中，究竟有哪些方面可以合理认为是"印度教的"，还并不怎么明确。

有很多东西确确实实从印度河文明时期延续到现在，例如卍字符；再例如印度教女性会在头顶头发的分缝中抹上名为"sindoor"的朱红色糊膏表示已婚，许多印度河女性小雕像上也已经出现了这种痕迹；还有，印度教仪式中用来分发牛奶和水的酒器，就是印度河文明中经过装饰的中空海螺壳（*Turbinella pyrum*）；甚至"*lota*"，就是如厕后用来洗手的那种小水壶，在印度河文明的洗手间里也很常见。另一个并不确定但很有可能由印度河文明流传下来的就是阴茎崇拜。在马歇尔认为可能代表"阴茎"的无数石制物品中，至少

有一个绝对是阴茎；在摩亨佐—达罗和强胡—达罗出土了数件明显
突出阴茎的小雕像；卡利班甘出土了一个小的陶器，与现在典型的
湿婆"林伽"及其底座的形状十分相似。除此之外，还能轻松地举
出现代印度教中与印度河印章图案相似的成分，比如对菩提树上的
神明（可能是女神）的崇拜，出现在许多人物形象上的瑜伽姿势，
还有"湿婆原型"的描绘——无论人们对这个戴角冠、做出瑜伽体
式的人物形象的准确身份到底有什么样的疑虑。

图 49 哈拉帕出土的
有五个卍字符的陶
板（上图）。卍字符
是印度河艺术中常
见的图案，在印度历
史中从未断绝，比
如这扇雕花石窗（下
图），来自公元 9 世
纪南印度一个印度
教神庙，上面的图案
就是卍字符和莲花

图 50 卍字符出现在古吉拉特当代的一所房屋的
雕花木立柱上

图 51 这个陶制的印度河小物件出土于卡利班甘，与现在的湿婆林伽很相似。林伽
是一种用于礼敬湿婆的器物，代表湿婆的阴茎。这是个巧合，还是印度教来源于印
度河文明的证据？

另一方面，尽管印度河城市对河流、水以及可能的"仪式纯洁"[1]多有关注，但印度教中十分重要的、与降雨和河流有关的特殊仪式，却并没有在印度河印章上的图像里出现。印度河印章上也没有猴子的形象，而印度教绘画和雕塑中，神猴哈奴曼的形象广为流传。尽管眼镜蛇在印度教神话中有重要地位，弄蛇术中也常有它的身影，但蛇的形象同样不见于印度河印章（但偶尔出现在陶版上）。此外，印章上和现有的考古发现都证实，在印度河文明时期，公牛，而非印度教奉为至宝的奶牛，是神圣的动物：印章上多次出现公牛，但从没有出现过奶牛的图案；而且从印度河"火祭坛"中发现的奶牛遗骨判断，当时奶牛很明显是祭品。人死后，印度河文明基本上进行土葬而不是火化，这又与印度教经典习俗有明显的矛盾。

类似的比较引发了一个长期存在的问题：印度教由什么界定？是种族，社会习俗，宗教仪式，神话传说，神学理论，还是这些都算？"印度"（Hindu）这个词最早是个地理概念而不是宗教概念，是大约公元前 515 年波斯的大流士王占领印度河谷时第一次使用的：这个词来自梵文"sindhu"，意思是"河流"，特指印度河。波斯人漏掉了"s"，以"hindu"表示"与印度河地区有关的"这个含

---

[1]　与前文提到的"宗教不洁"相对，也来自宗教洁净观。

义，这个地区就是现在的信德。在托勒密于公元 2 世纪绘制的那幅相当领先的世界地图上，从西方到印度的路径被标记为"Indiostena regio"，即"印度斯坦之地"（region of Hindustan）的拉丁语。此后，在公元 8 世纪占领信德地区的阿拉伯人逐渐延展了这个词的内涵，用"Hindustan"指称印度次大陆北部。

在公元后第一个千年内，大部分印度人（Indians）——除了佛教徒和耆那教徒——依自己的种姓或教派确定自己的身份。历史学家罗米拉·塔帕（Romila Thapar）是一位研究穆斯林统治前印度史的权威学者，她认为："把所有的种姓人（caste）、无种姓人（non-caste）和教派都收拢在印度教徒这样一个标签下，对大多数印度人来说是很奇怪的，某些人甚至会觉得很反感，因为这样就把婆罗门、首陀罗还有不可接触者变成了'印度教徒'这个宗教共同体中平等的成员。这对次大陆存在的各个宗教而言都是没有先例的。"[3]直到第二个千年，"Hindu"这个词才终于发展出现在的含义，即对一个宗教群体的群体性称呼。这一含义最早出现在 14 世纪，但当时使用得还并不频繁；《牛津英语字典》（Oxford English Dictionary）中，这一义项最早出现在 1655 年，引用了一个造访过莫卧儿宫廷的英国旅行作家的作品："印度斯坦住民往昔多为异教徒，总呼为印度教徒。"莫卧儿帝国统治时期，从 17 世纪起，英国人开始用"Hindu"（或"Hindoo"）这个词指称次大陆所有居民；18 世纪晚

期，他们将这个词发展为"印度教"（Hindooism）这个对宗教的称
呼。到 19 世纪前，无论是英国人，还是反对殖民主义、但又希望
把自己与穆斯林区别开的印度人，都用"Hinduism"（印度教）统
称除佛教、耆那教、锡克教之外的所有印度本土宗教。20 世纪 20
年代，人们构建了"hindutva"（印度性）这个词（"tva"是一个梵
语词缀）来表示"印度教身份认同"，它首次出现于 V. D. 萨瓦卡（V.
D. Savarkar）所著的一本小册子中。这本书名为《印度性：谁是印
度教徒？》（*Hindutva: Who is Hindu?* ），首次出版于 1923 年，现在
已经被印度教民族主义者奉为圭臬。然而，如同帕尔波拉所写的那
样，"有些印度人反对用一个外语词汇称呼他们的宗教，而偏好用
'sanatana dharma'这个梵语词，意为'永恒的法则或真理'，尽管
古代文献中从没有用这个表述指称宗教系统"——连最古老的吠陀
文献也是如此。[4]

　　这样的反对声提醒我们，以上历史背景确实是有用的，但完全
忽视了印度教体系内各种不同的信仰传统——或者说教派的基础，
比如湿婆派（对湿婆的崇拜）和毗湿奴派（对毗湿奴的崇拜）。每
一个传统都有其自身的神学体系和宗教仪式，印度教徒中不同信仰
传统的区别可能就像基督徒眼中天主教和新教的差别那样大。这些
"经典"的信仰传统最早出现的时间要大大晚于吠陀时期，大约是
在印度教两大史诗《摩诃婆罗多》和《罗摩衍那》形成的时候，即

公元前 300 年左右。但是，许多"经典"的神祇，至少在某种程度上，可以追溯到古老的吠陀教的"万神殿"传统。

吠陀教主神被称为"提婆"（deva），"闪耀的存在"。他们大多与天空、天界（heaven）有关，而不是土地、动物和丰饶的奥秘。这并不令人惊讶，因为后面的这些属于"重农耕"的印度教的领域。吠陀教天父"Dyaus Pitar"[1]（特尤斯，相当于希腊神话里的宙斯或者罗马神话里的朱庇特）和地母的结合成为《梨俱吠陀》中最早的创世神话。但我们对特尤斯知之甚少，他的位置被守卫神圣法则和宇宙秩序（rita）的伐楼那取代了。伐楼那生有千目，时刻监查恶行，是吠陀神祇中行事永远合乎道德的神灵之一。但伐楼那又被生主（Prajapati）取代；生主化身为"原人"，众神以其为祭品行祭祀，由"原人"身体诸部位生出包括四种姓在内的有情世间。[2] 其他的神祇还有正直（integrity）与友谊之神密多罗[3]，他是伐楼那的对偶神；

---

［1］ "Dyaus"一译特尤斯，与宙斯（Zeus）同源；"Pitar"意为"父亲"，梵语以及同属印度伊朗语族的波斯语里"pitar"也是"爸爸"的意思，印地语中的"父亲"（pitashri）可能也来源于此。

［2］ 此处参考了《梨俱吠陀》的英文翻译和巫白慧的《＜梨俱吠陀＞神曲选》中的《原人歌》，可见 R. T. H. Griffith: Hymns of the Rigveda: Translated with A Popular Commentary, 2nd ed., Vol. 2 of 2, Benares: E. J. Lazarus and Co., 1897 及巫白慧：《＜梨俱吠陀＞神曲选》，商务印书馆 2010 年版。

［3］ "mitra"在梵语里的本义之一就是"朋友"，现在印地语中这个词也有"密友"的含义。

太阳神苏利耶；火神阿耆尼，他食用贡品，并以此将人间的贡品传达给其他神灵；苏摩，这个词既可以指这位神灵，也可以指永生的神药苏摩酒（之前已经有所讨论）；死后则有死神阎魔（Yama），执掌亡者的灵魂。还有一些重要的女神，比如大地女神，曙光神乌莎（Ushas）以及语言之神瓦珂（Vac）。然而，最重要的神灵是战神、气候之神因陀罗[1]，他功绩卓著，与希腊神话中的宙斯和北欧神话中的雷神索尔颇有类似。因陀罗用雷杵击杀了恶魔弗栗多，释放了生命的水源[2]；在大祭司（high priest）[3]的帮助下，他击败了另一个恶魔，解救了太阳（这也许是一次日食的记载）。他还摧毁了敌人"达萨"的堡垒（惠勒曾引用过）。一只神鹰将他驮去天宫（heaven），他为神和人取回了苏摩酒。在喧闹的酒宴上，他常常痛饮苏摩酒至醺然大醉。

　　在《梨俱吠陀》第一次出现的许多神灵，比如伐楼那、苏利耶、阿耆尼、阎魔和因陀罗，也被传统印度教继承，不过与吠陀教相比，他们在印度教中的重要性各有不同。但是，印度教中两个最重要的神祇——湿婆和毗湿奴，在吠陀教"万神殿"中几乎没有踪迹。实际上，湿婆的名字并没有出现过。印度—雅利安研究专家托马斯·特劳特曼（Thomas Trautmann）认为，吠陀典籍中的暴雨神

---

［1］　因陀罗在吠陀中多为雷神。

［2］　《梨俱吠陀》里的描写是让河流充盈，即打雷下雨。

［3］　此处应指婆罗门仙人。

图 52 "毗湿奴化身为摩蹉鱼，杀死了恶魔 Shankhasura[1]，救回四吠陀"，绘制于约 1760 年

楼陀罗[2]（Rudra）"是一个性格暴躁多变的神灵，与其说是供奉这个神灵，不如说是要平息他的怒火，此后它融入了其他的概念，形成印度教中湿婆神的形象"。毗湿奴的名字倒是出现了，但不过"是个侏儒，他三步跨越天地，为神灵赢得了地、空和天，并将恶魔们

---

[1] "shankh"本身是"贝壳"的意思，"Shankhasura"就是名为贝壳的阿修罗。毗湿奴确实曾化身为鱼，杀阿修罗、夺回四吠陀，但那个阿修罗名为马颈 (Hayagrīva)。可能是具体故事或版本不同造成了这一差别。
[2] 巫白慧翻译为鲁陀罗，"荒神"。

放逐到地下世界"。[5]确切地说，只有少数几个吠陀神成为印度教中的主要神灵，而吠陀教主神中，只有太阳神苏利耶还在之后的印度教艺术中保有较为核心的位置，即君王神（dynastic deity）。客观地讲，尽管现在的印度教徒对四吠陀崇敬有加，吠陀神和当代印度教诸神间并没有什么显著的关联。

半个多世纪前，杰出的印度学家路易·勒努（Louis Renou）就意识到，"吠陀教对印度教的影响，特别是在印度教崇拜活动和阐释（speculation）方面，并不是很大；在神话上的影响相对大一些，但处处都经过了深刻的重建。就算有些地方可以说是体现了延续性，比如楼陀罗—湿婆，其间的不同也远比相似之处更突出"。[6]

这个令人惊讶的事实马上引出了一个问题："传统"印度教中这些非吠陀的元素是从哪里来的？其中很多元素应当是在吠陀时期之后到《摩诃婆罗多》"定本"[1]可能的成书年代（公元4世纪左右）这个时间段内发展出来的，或从本土宗教崇拜（比如古吉拉特的鳄鱼崇拜）中吸收的。但勒努认为，有一些元素应当可以追溯到印度河文明时期："如果印度河印章和小雕像体现出来的宗教形式，与

---

[1] 严格来讲，《摩诃婆罗多》并没有一个定本，目前可见的数种梵语本长度各有差异，但基本内容差不多。根据《摩诃婆罗多》中的叙述，学者们普遍认同，这部史诗至少经历了三个发展阶段：八千八百颂的《胜利之歌》，二万四千颂的《婆罗多》和十万颂的《摩诃婆罗多》，目前可见的就是最后的这个"十万颂"的版本。

印度次大陆的宗教形式有某些久远的联系的话，那么它与印度教的宗教形式的相似程度要大于与吠陀教的相似程度。尽管我们只能推测，但这里所说的这种印度教，一定在吠陀时期，甚至可能在更早时期就已经存在了。"[7]

如果勒努的推测是正确的，那么"传统"印度教的起源最可能既存在于印度河文明中，也存在于吠陀文化中。吠陀文化独立发展形成，与印度河文明的差异相当大。但在公元前两千纪，就是印度河文明衰落、印度—雅利安人迁徙的时期，这两种完全不相关的文明的习俗、仪式和神话可能发生了混杂与融合，形成了"传统"印度教的基础，现代的印度教无疑是从"传统"印度教发展而来的。

在《梨俱吠陀》的文本中就体现了印度河文明与吠陀文化有多么不同。《梨俱吠陀》中，只有几次提到了村落，但完全没有提及村镇和城市；里面提到了纺织和皮革制品的工艺，但没有一字提到砖块制造和首饰制作；偶尔有几次提到了铁（印度河文明并不知道铁的存在），但冶金和采矿方面的事情只字未提；也有几处提到了远行，甚至是小舟和大船（不过大船可能是种隐喻），但是商人和贸易——无论是长途还是短途的，则完全没有记载，更不要说度量衡系统了。除此之外，在《梨俱吠陀》关于战争和祭祀的描写中，出现了防御性的盔甲以及马匹；而如我们所知，印度河文明目前还没有发现铠甲或战争的证据，马匹也没有出现。基本可以肯定，《梨俱吠陀》的绝大部分内容与祭祀、仪式和神祇有关，它们大多有名称，并且多次描绘自然环境和自然现象、创世、女性、动物（特别是牛和马）、放牧、战车、战争和死亡。

以上的分类比较，不论其他，多多少少能证明"印度河文明是吠陀文明的起源"或者全然相反的论调都是错误的。毕竟，如果是前者，那么如何解释一个文明由大型砖砌城市建筑发展到完全没有建筑的境地？如果是后者，那么一个文明又怎么从极重视征战发展到铠甲、马匹全无踪影的地步？如果是吠陀文明发展出了印度河文明，并在此后产生了"传统"印度教，那么奶牛就会先从神圣的变成世俗的、再变成神圣的动物。马歇尔第一个这样写道："无论我们从什么角度审视这两个文明，都不可能找到一个共有的源头，或者找到一个比这个理论更能解释二者迥异特质的假设：吠陀文明在二者中出现更晚，而且是独立产生的。"8

这并不是说印度河文明时期的文化就与吠陀时期的完全不同。举个例子，印度河先民好赌。目前出土了很多印度河文明的黏土制棋盘，还有用普通的芦苇、螺壳、黏土和石头块制成的骰子，还有每个面上都刻有圆圈的象牙筹。吠陀时期的人们喜欢赌博，在《梨俱吠陀》中就有对赌博场景的描写。扣人心弦的《赌徒忏悔录》篇的第七颂和第八颂中这样写道（采用温蒂·多尼格·奥弗莱厄蒂[1]的翻译）[2]：

> 骰子行诱骗，譬如钩与鞭；
>
> 欺诈复奴役，沉溺游戏中。
>
> 如稚童送礼，收回返赢家；
>
> 糖衣裹蜂蜜，赌徒难相抵。
>
>
> 骰子队游戏，三队各五十；
>
> 如提婆莎维 [掌管太阳东升西落的神]，规律不可移。
>
> 纵遇神大怒，亦不示屈服；
>
> 国王前来此，亦要敬骰子。[9]

此外，吠陀时期人们可能居住在小的定居点内，进行一定程度的农业劳作（《梨俱吠陀》中有几次提到犁），雇用木匠和铁匠制造和维修他们有轮的战车，用珍贵的首饰打扮女性，并支持商贩们在村子间往来。但是，除了吠陀时期人们口传的文本以外，这些物件和活动并没有持久到（也没有多到）足够留下什么今天还能找到的痕迹，至少考古学家们至今还没有发现任何蛛丝马迹。无论

---

[1] 即 Wendy Doniger O'Flaherty，美国印度学家，主攻梵语和印度写本传统。

[2] 此处同时还参考了巫白慧《<梨俱吠陀>神曲选》中的翻译。

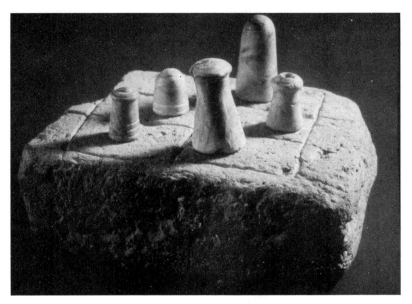

图 53　摩亨佐—达罗出土的游戏棋子，表明印度河文明时期赌博或许是家常便饭

印度教民族主义者多么希望吠陀文明与印度河文明间有明显的相似性，仍然没有任何人可以解释，吠陀文献中在世俗问题上如此寡言少语，如何能将四吠陀中描述的社会和印度河文明的物质文化结合起来。

　　在这种情况下，印度教的起源又是何种样貌？用一个词来概括，就是"错综复杂的"。就我们所知，印度河文明也并不是自成体系的；它受到了美索不达米亚文明的影响。吠陀文明或许也是这样；它从次大陆本地的达罗毗荼语中吸收词汇，同时也可能吸收了达罗毗荼宗教的元素。帕尔波拉一生致力于通过创造性地研究语言、文字、艺术和留存至今的习俗，梳理分析这些不同的影响。他这样论述道：

> 历史上的南亚地区保留了哈拉帕文明 [即印度河文明]，这样期待是合理的。晚期哈拉帕居民的人数要比说印度—雅利安语的移民多。随着通婚和能使用两种语言的人的增多，这两个主要人口群体的融合进行了数个世纪。新移民需要与多数人口打交道，使得本地的首领和祭祀有机会以中间人的身份活动，并在形成中的新社会秩序中占据一席之地。[10]

印度河考古遗迹数目繁多、历历可观——但印度河先民始终保持沉默。吠陀文明声韵浩大、情感充沛——但仅仅存在于书页上。"湿婆原型"将一直是现代印度教中某个神祇最引人注意但又无法证实的印度河文明先祖，直到印度河字符得到解读的那一天。

第12章

印度河文明的遗产

在《印度的发现》一书中，贾瓦哈拉尔·尼赫鲁饱含怀念地写下他于 1931 年和 1936 年亲历印度河文明的感受：

> 我站在摩亨佐—达罗，这个位于西北印度的印度河谷中的城市；我站在一处圆丘上，环绕在我周围的是这座据称历史超过五千年的古城的房屋与街巷……[我]为自己的这个认识感到惊讶：居然有一个文明，能够像这样延续了五六千年甚至更久的时间；而且并不是死板的、一成不变的，因为印度无时无刻不在变化和进步。在此后的历史中，她与波斯人、埃及人、希腊人、中国人、阿拉伯人、中亚人、地中海人发生了密切的联系。尽管她影响了他们，也被他们所影响，她的文化根基却一直有足够的能力存续至今。这种力量的法宝是什么？它来自何方？……令人诧异的是，她的主体是世俗文明，尽管存在宗教元素，但绝非主流……[在]印度历史的黎明时分，她表现得并不像个号啕大哭的婴孩，而已经在许多方面足够成熟。她没有无视生存之道，没有沉溺于浮华而虚幻的超自然世界，而在生活的艺术与便利上有了可观的技术进步，不仅创造出美丽的艺术品，还有实用的、更贴近现代文明典型标志的事物——优良的浴池和排水系统。[1]

这本书出版于 1946 年，次年，尼赫鲁当选为印度总理。尽管在政治上，他明显是个民族主义者，但在理智和情感上，他尊重印度河文明的国际主义、世俗主义、技术和现代性，并被深深吸引。

与之相反，尼赫鲁的政治对手、巴基斯坦的"国父"穆罕默德·阿里·真纳 (Muhammad Ali Jinnah)，从未造访过摩亨佐—达罗，也没有对印度河文明的重要性做出任何评价；连尼赫鲁的导师、印度伟大的民族主义领袖莫罕达斯·卡拉姆昌德·甘地（Mohandas Karamchand Gandhi）也没有。真纳的沉默之所以令人不解，是因为印度河谷就在巴基斯坦境内，而且更重要的是真纳本人就出生在信德省的卡拉奇，离摩亨佐—达罗并不远。至于甘地的无动于衷就更令人困惑了，不仅仅因为他出生在古吉拉特的苏拉什特拉，也是印度河的住民，还因为在 20 世纪 30 年代，他肯定也意识到印度河文明可能是印度教的源头，更何况它的运转并不依赖于军队暴力。然而，在《圣雄甘地作品集》这部有百卷之数的巨著中，甘地未曾留下对印度河文明只言片语的评价。唯一一条可算得上沾边的，是他与自己的秘书于 1938 年造访塔克西拉遗址时留下的话。塔克西拉遗址位于旁遮普北部，也是由马歇尔主持发掘的。圣雄的秘书记下了这句令人动容的话；当塔克西拉考古博物馆的导引员向圣雄介绍一对沉甸甸的银脚镯时，"甘地先生深深地叹了一口气，说道：'与我妈妈曾经戴过的一模一样。'" [2]

　　不夸张地说，尼赫鲁的热情与真纳和甘地的冷淡，恰恰代表了次大陆政治独立后这数十年来，人们对印度河文明的不同态度。自从 20 世纪 20 年代被英国人和印度本地人发现，印度河文明就引发了来自欧洲、美国、日本的考古学家和语言学家的最热忱的兴趣，他们在考古发掘和文明解读上起带头作用。但这种兴趣来自国际，而非印度内部。这些外国学者们多次与巴基斯坦和印度的考古学家合作，并取得了丰硕的成果——但也仅限两国少数几位杰出个例，例如拉菲克·蒙兀儿和伊尔凡陀·马哈德万。进一步了解印度河文明的推动力始终来自国外，而非巴基斯坦或印度自发。

　　当然，造成这种窘境的原因之一是，1947 年印巴分治后，边界问题一直引发政治紧张，造成了研究领域在物理空间和学术上的割裂。而雪上加霜的是，印巴两国面对这个问题也各有心结。对大部分巴基斯坦人来说，他们看上去并没有把印度河文明看作自己文化遗产的重要组成部分（尽管巴基斯坦某一面值的纸币上[1]出现了摩亨佐—达罗遗址的形象），某种程度上，就像现代的埃及人并不真的与古埃及文化有多么深的牵扯。另一方面，包括甘地在内的大部分印度人更愿意关注吠陀文化，关注印度—雅利安人以及之后

---

[1]　巴基斯坦最新版 20 卢比的纸币背面图案即为摩亨佐—达罗遗址，此版 20 卢比纸币从 2008 年 3 月 22 日起开始流通。

产生的印度教文化的史诗[1]。因此，考古学家恰克拉巴蒂才会在其
2004 年出版的学术文集《印度的印度河文明遗址：新发现》（*Indus Civilization Sites in India: New Discoveries*）中，发出这样的哀叹：

> 如果以印度中小学和大学的历史课本为依据，那么印
> 度河文明在这个国家的历史意识中可以说无足轻重。它在
> 课表中毫不重要，关于它的介绍也杂乱得令人绝望，这就
> 是印度学界对印度河文明的典型学术态度。然而，这个公
> 元前三千纪青铜时代最大的文明，理应获得远超目前情形
> 的集中关注；它深深地扎根于印度次大陆，并在印度形成
> 如今模样的过程中做出了根本性的贡献。仍待破解的印度
> 河文字使我们无法在当下对其进行解读和讨论，但已发掘
> 出的文物足以佐证这个文明如何兴起，如何繁荣，如何衰
> 落，并最终成为整个次大陆文化潮流的一部分。3

希望在接下来的几十年内，印度人不会对这一呼喊充耳不闻。
他们可以像尼赫鲁那样，正当而合理地为这个事实感到骄傲：如同
古苏美尔和古埃及的文化一样，对于次大陆来说，印度河文明本质

---

[1]　此处指印度两大史诗，《摩诃婆罗多》和《罗摩衍那》。

上就是本土的。

　　尽管如此，印度河文明还远谈不上"失落"。如同约翰·马歇尔在 1924 年的《伦敦新闻画报》上宣告的那样，也正如肯尼思·克拉克在 1969 年的《文明》节目中再次提醒大家的那样，印度河文明坐落在巴基斯坦和印度，但它却是属于全世界的。1980 年，摩亨佐—达罗被联合国教科文组织列入世界遗产遗址名录。时至今日，它那些悬而未解、扑朔迷离的谜题依旧吸引着全世界对文明起源感兴趣的人。就我个人而言，最感兴趣的还是它如何在近半个千年的时间里，保持卓越的艺术、成熟的技术、繁荣的经济与社会平均、政治自由和宗教节制的成功结合。如果进一步的调查能让这幅引人入胜的画面更加精准地展现出来，那么印度河文明也可以成为人类未来的希望之兆。

注 释

第 1 章 谜一样的世界

1. Kenneth Clark, *Civilisation: A Personal View* (London, 1969), p. 33.

2. Mortimer Wheeler, *The Indus Civilization*, 3rd edn (Cambridge, 1968), p. 101.

3. Jane McIntosh, *A Peaceful Realm: The Rise and Fall of the Indus Civilization* (Boulder, Co., 2002), p. 50.

4. John Marshall, *Mohenjo-daro and the Indus Civilization* (London, 1931), p. vii.

5. Jawaharlal Nehru, *The Discovery of India* (London, 1946), p. 49.

6. N. Jha and N. S. Rajaram, *The Deciphered Indus Script: Methodology, Readings, Interpretations* (New Delhi, 2000), p. 254.

7. Ibid., p. 162.

8. Ibid., p. 152.

9. Iravatham Mahadevan, 'One Sees What One Wants To', *Frontline,* 11–24, November 2000.

10. Michael Witzel and Steve Farmer, 'Horseplay in Harappa: The Indus Valley Decipherment Hoax', *Frontline*, 30. September–13. October 2000.

11. Jonathan Mark Kenoyer, *Ancient Cities of the Indus Valley Civilization* (Karachi, 1998), p. 30.

12. Marshall, *Mohenjo-daro*, p. 2.

13. Stuart Piggott, *Prehistoric India to 1000. BC* (London, 1950), p. 67.

第 2 章　发现

1. John Marshall, 'First Light on a Long-forgotten Civilisation: New Discoveries of an Unknown Prehistoric Past in India', *Illustrated London News*, 20. September 1924.

2. Charles Masson, *Narrative of Various Journeys in Balochistan, Afghanistan, and the Punjab*, vol. i (London, 1842), pp. 452–453.

3. Alexander Cunningham, *Annual Report of the Archaeological Survey of India*, v (Calcutta, 1875), p. 108.

4. Asko Parpola, 'New Light on "Major Clark"', in *Corpus of Indus Seals and Inscriptions*, vol. iii: *New Material, Untraced Objects, and Collections Outside India and Pakistan*, ed. Asko Parpola, B. M. Pande and Petteri Koskikallio (Helsinki, 2010), p. lx.

5. Quoted in Nayanjot Lahiri, *Finding Forgotten Cities: How the Indus*

Civilization was Discovered (Oxford, 2006), p. 100. 转引自 Nayanjot Lahiri, *Finding Forgotten Cities: How the Indus Civilization was Discovered* (Oxford, 2006), 第 100 页。

6. Quoted ibid., p. 172. 转引同上，第 172 页。

7. Quoted ibid. 转引同上。

8. Quoted ibid., p. 177. 转引同上，第 177 页。

9. Quoted ibid., p. 189. 转引同上，第 189 页。

10. Quoted ibid., p. 248. 转引同上，第 248 页。

11. John Marshall, *Mohenjo-daro and the Indus Civilization* (London, 1931), p. 91.

12. Marshall, 'First Light on a Long-forgotten Civilisation'.

13. John Marshall, *Annual Report of the Archaeological Survey of India, 1925– 1926: Exploration, Western Circle, Mohenjo-daro* (Calcutta, 1926), p. 75.

14. Asko Parpola, *Deciphering the Indus Script* (Cambridge, 1994), p. 21.

15. Dilip K. Chakrabarti, ed., *Indus Civilization Sites in India: New Discoveries* (Mumbai, 2004), p. 11.

16. Hans J. Nissen, 'Early Civilizations in the Near and Middle East', in *Forgotten Cities on the Indus: Early Civilization in Pakistan from the 8th to the 2nd Millennium BC*, ed. Michael Jansen, Máire Mulloy and Günter Urban (Mainz, 1991), p. 33.

17. Stuart Piggott, *Prehistoric India to 1000. BC* (London, 1950), pp. 133, 136, 138, 201.

18. Mortimer Wheeler, *Still Digging: Interleaves from an Antiquary's Notebook* (London, 1955), p. 192.

19. Quoted in Gregory L. Possehl, *The Indus Civilization: A Contemporary Perspective* (New Delhi, 2003), p. 238. 转引自 Gregory L. Possehl, *The Indus Civilization: A Contemporary Perspective* (New Delhi, 2003)，第 238 页。

20. Possehl, *The Indus Civilization*, p. 19.

21. Rita P. Wright, *The Ancient Indus: Urbanism, Economy, and Society* (Cambridge, 2010), p. 95.

22. Mortimer Wheeler, *The Indus Civilization*, 3rd edn (Cambridge, 1968), p. 125.

23. Marshall, *Mohenjo-daro*, p. viii.

24. Jean-François Jarrige, 'Mehrgarh: Its Place in the Development of Ancient Cultures in Pakistan', in *Forgotten Cities on the Indus*, ed. Jansen, Mulloy and Urban, p. 36.

25. Ibid., p. 49.

26. Günter Urban, 'The Indus Civilization: The Story of a Discovery', in *Forgotten Cities on the Indus*, ed. Jansen, Mulloy and Urban, pp. 25–6.

27. Wright, *The Ancient Indus*, pp. 114–115.

第 3 章　建筑

1. John Marshall, *Mohenjo-daro and the Indus Civilization* (London, 1931), p. 6.

2. Ibid., p. 286.

3. Ibid., p. 25.

4. Jonathan Mark Kenoyer, *Ancient Cities of the Indus Valley Civilization* (Karachi, 1998), p. 57.

5. Marshall, *Mohenjo-daro*, p. 15.

6. Mortimer Wheeler, *Still Digging: Interleaves from an Antiquary's Notebook* (London, 1955), p. 192.

7. Kenoyer, *Ancient Cities of the Indus Valley Civilization*, p. 56.

8. Massimo Vidale, 'Crafts and Skills in Mohenjo-daro', in *Forgotten Cities on the Indus: Early Civilization in Pakistan from the 8th to the 2nd Millennium BC*, ed. Michael Jansen, Máire Mulloy and Günter Urban (Mainz, 1991), p. 214.

9. Gregory L. Possehl, *The Indus Civilization: A Contemporary Perspective* (New Delhi, 2003), p. 212.

10. Wheeler, *Still Digging*, p. 225.

11. Kenoyer, *Ancient Cities of the Indus Valley Civilization*, p. 64.

12. Jane R. McIntosh, *The Ancient Indus Valley: New Perspectives* (Santa Barbara, CA, 2008), pp. 276–277.

13. Rita P. Wright, *The Ancient Indus: Urbanism, Economy, and Society* (Cambridge, 2010), p. 122.

14. Michael Jansen, 'Mohenjo-daro – a City on the Indus', in *Forgotten Cities on the Indus*, ed. Jansen, Mulloy and Urban, p. 161.

15. Kenoyer, *Ancient Cities of the Indus Valley Civilization*, p. 61.

16. Marshall, *Mohenjo-daro*, p. 263.

17. Stuart Piggott, *Prehistoric India to 1000. BC* (London, 1950), p. 168.

18. Marshall, *Mohenjo-daro*, p. 75.

19. Kenoyer, *Ancient Cities of the Indus Valley Civilization*, p. 120.

第 4 章　工艺美术

1. Mortimer Wheeler, *The Indus Civilization*, 3rd edn (Cambridge, 1968), p. 101.

2. George F. Dales, 'The Phenomenon of the Indus Civilisation', in *Forgotten Cities on the Indus: Early Civilization in Pakistan from the 8th to the 2nd Millennium BC,* ed. Michael Jansen, Máire Mulloy and Günter Urban (Mainz, 1991), p. 133.

3. Jonathan Mark Kenoyer, *Ancient Cities of the Indus Valley Civilization* (Karachi, 1998), p. 96.

4. Asko Parpola, *Deciphering the Indus Script* (Cambridge, 1994), p. 8.

5. Kenoyer, *Ancient Cities of the Indus Valley Civilization*, p. 98.

6. Ibid., p. 159.

7. Ibid., p. 162.

8. Ibid., p. 138.

9. Ibid., p. 161.

10. Jane McIntosh, *A Peaceful Realm: The Rise and Fall of the Indus Civilization* (Boulder, Co., 2002), p. 136.

11. John Marshall, *Mohenjo-daro and the Indus Civilization* (London, 1931), p. 33.

12. Ibid., p. vii.

13. Stuart Piggott, *Prehistoric India to 1000. BC* (London, 1950), p. 183.

14. Kenoyer, *Ancient Cities of the Indus Valley Civilization*, p. 73.

第 5 章　农业

1. Jane R. McIntosh, *The Ancient Indus Valley: New Perspectives* (Santa Barbara, CA, 2008), p. 109.

2. Richard Meadow, 'The Domestication and Exploitation of Plants and Animals in the Greater Indus Valley, 7th–2nd Millennium BC', in *Forgotten Cities on the Indus: Early Civilization in Pakistan from the 8th to the 2nd Millennium*

BC, ed. Michael Jansen, Máire Mulloy and Günter Urban (Mainz, 1991), p. 51.

3. John Marshall, *Mohenjo-daro and the Indus Civilization* (London, 1931), p. 389.

4. Gregory L. Possehl, *The Indus Civilization: A Contemporary Perspective* (New Delhi, 2003), p. 64.

5. McIntosh, *The Ancient Indus Valley*, p. 113.

6. Dilip K. Chakrabarti, ed., *Indus Civilization Sites in India: New Discoveries* (Mumbai, 2004), p. 18.

7. McIntosh, *The Ancient Indus Valley*, p. 121.

8. Jonathan Mark Kenoyer, *Ancient Cities of the Indus Valley Civilization* (Karachi, 1998), p. 164.

9. R. B. Seymour Sewell and B. S. Guha, 'Zoological Remains', in Marshall, *Mohenjo-daro*, p. 651.

10. McIntosh, The Ancient Indus Valley, p. 132.

11. Kenoyer, Ancient Cities of the Indus Valley Civilization, p. 169.

第 6 章 贸易

1. Maurizio Tosi, 'The Indus Civilisation beyond the Indian Subcontinent', in *Forgotten Cities on the Indus: Early Civilization in Pakistan from the 8th to*

the 2nd Millennium BC, ed. Michael Jansen, Máire Mulloy and Günter Urban (Mainz, 1991), p. 123.

2. Jonathan Mark Kenoyer, *Ancient Cities of the Indus Valley Civilization* (Karachi, 1998), p. 99.

3. Ibid., p. 89.

4. Thor Heyerdahl, *The Tigris Expedition: In Search of Our Beginnings* (London, 1980), p. 266.

5. Brian Fagan, *Beyond the Blue Horizon: How the Earliest Mariners Unlocked the Secrets of the Oceans* (London, 2012), p. 122.

6. Jane R. McIntosh, *The Ancient Indus Valley: New Perspectives* (Santa Barbara, CA, 2008), p. 86.

7. Shereen Ratnagar, *Trading Encounters: From the Euphrates to the Indus in the Bronze Age* (New Delhi, 2004), p. 250.

8. Tosi, 'The Indus Civilisation beyond the Indian Subcontinent', p. 116.

9. Hans J. Nissen, 'Early Civilizations in the Near and Middle East', in *Forgotten Cities on the Indus*, ed. Jansen, Mulloy and Urban, p. 30.

10. Quoted in Tosi, 'The Indus Civilisation beyond the Indian Subcontinent', p. 120. 转引自 Tosi, 'The Indus Civilisation beyond the Indian Subcontinent', 第 120 页。

11. Kenoyer, *Ancient Cities of the Indus Valley Civilization*, p. 97.

12. Leonard Woolley, *Ur 'of the Chaldees'*, ed. P.R.S. Moorey (London, 1982), p. 132.

13. Rita P. Wright, *The Ancient Indus: Urbanism, Economy, and Society* (Cambridge, 2010), p. 225.

14. Kenoyer, *Ancient Cities of the Indus Valley Civilization*, p. 98.

15. Asko Parpola, 'Indus Civilisation', in *Brill's Encyclopaedia of Hinduism*, ed. Knut A. Jacobsen, vol. iv (Leiden, 2012), p. 6.

16. John Marshall, *Mohenjo-daro and the Indus Civilization* (London, 1931), pp. 463–464.

17. Jane McIntosh, *A Peaceful Realm: The Rise and Fall of the Indus Civilization* (Boulder, Co., 2002), p. 175.

第 7 章　社会

1. Leonard Woolley, *Ur 'of the Chaldees'*, ed. P.R.S. Moorey (London, 1982), pp. 76–8, 80.

2. Asko Parpola, 'Indus Civilisation', in *Brill's Encyclopaedia of Hinduism*, ed. Knut A. Jacobsen, vol. iv (Leiden, 2012), p. 5.

3. Gregory L. Possehl, *The Indus Civilization: A Contemporary Perspective* (New Delhi, 2003), p. 57.

4. Dilip K. Chakrabarti, ed., *Indus Civilization Sites in India: New Discoveries*

(Mumbai, 2004), pp. 16–17.

5. Rita P. Wright, *The Ancient Indus: Urbanism, Economy, and Society* (Cambridge, 2010), p. 127.

6. Jonathan Mark Kenoyer, *Ancient Cities of the Indus Valley Civilization* (Karachi, 1998), p. 117.

7. Jane R. McIntosh, *The Ancient Indus Valley: New Perspectives* (Santa Barbara, CA, 2008), p. 268.

8. Ibid., p. 269.

9. Kenoyer, *Ancient Cities of the Indus Valley Civilization*, p. 83.

10. Jane McIntosh, *A Peaceful Realm: The Rise and Fall of the Indus Civilization* (Boulder, Co., 2002), p. 129.

11. Possehl, *The Indus Civilization*, p. 174.

12. Kenoyer, *Ancient Cities of the Indus Valley Civilization*, p. 124.

13. Ibid., p. 82.

14. Ibid., p. 102.

15. Chakrabarti, ed., *Indus Civilization Sites in India*, p. 17.

第 8 章 宗教

1. John Marshall, *Mohenjo-daro and the Indus Civilization* (London, 1931), p. 284.

2. Gregory L. Possehl, *The Indus Civilization: A Contemporary Perspective* (New Delhi, 2003), p. 152.

3. Quoted in Asko Parpola, *Deciphering the Indus Script* (Cambridge, 1994), p. 221.

4. Jane McIntosh, *A Peaceful Realm: The Rise and Fall of the Indus Civilization* (Boulder, Co., 2002), p. 121.

5. Catherine Jarrige, 'The Terracotta Figurines from Mehrgarh', in *Forgotten Cities on the Indus: Early Civilization in Pakistan from the 8th to the 2nd Millennium BC*, ed. Michael Jansen, Máire Mulloy and Günter Urban (Mainz, 1991), p. 92.

6. Marshall, *Mohenjo-daro*, p. 52.

7. Ibid., p. 53.

8. A. L. Basham, *The Origins and Development of Classical Hinduism* (Boston, MA, 1989), p. 4.

9. Jonathan Mark Kenoyer, *Ancient Cities of the Indus Valley Civilization* (Karachi, 1998), p. 86.

10. Marshall, *Mohenjo-daro*, p. 65.

11. Kenoyer, *Ancient Cities of the Indus Valley Civilization*, p. 119.

12. Quoted in Andrew Robinson, *The Story of Writing: Alphabets, Hieroglyphs and Pictograms*, revd edn (London, 2007), p. 121. 转引自 Andrew Robinson,

The Story of Writing: Alphabets, Hieroglyphs and Pictograms, revd edn (London, 2007)，第 121 页。

第 9 章　衰落与消亡

1. Gregory L. Possehl, *The Indus Civilization: A Contemporary Perspective* (New Delhi, 2003), pp. 243, 245.

2. Jonathan Mark Kenoyer, *Ancient Cities of the Indus Valley Civilization* (Karachi, 1998), p. 173.

3. Maurizio Tosi, 'The Indus Civilisation beyond the Indian Subcontinent', in *Forgotten Cities on the Indus: Early Civilization in Pakistan from the 8th to the 2nd Millennium BC*, ed. Michael Jansen, Máire Mulloy and Günter Urban (Mainz, 1991), p. 127.

4. Possehl, *The Indus Civilization*, p. 86.

5. Asko Parpola, *Deciphering the Indus Script* (Cambridge, 1994), p. 24.

6. Kenoyer, *Ancient Cities of the Indus Valley Civilization*, p. 183.

7. George F. Dales, 'The Phenomenon of the Indus Civilisation', in *Forgotten Cities on the Indus*, ed. Jansen, Mulloy and Urban, p. 144.

8. L. Flam, 'Fluvial Geomorphology of the Lower Indus Basin (Sindh, Pakistan) and the Indus Civilisation', in *Himalayas to the Sea: Geology, Geomorphology and the Quaternary*, ed. J. F. Shroder Jr (New York, 1993), p.

287.

9. Jane McIntosh, *A Peaceful Realm: The Rise and Fall of the Indus Civilization* (Boulder, Co., 2002), p. 190.

10. Edward Simpson, *The Political Biography of an Earthquake: Aftermath and Amnesia in Gujarat,* India (London, 2013), p. 237.

11. Possehl, *The Indus Civilization*, p. 235.

12. Asko Parpola, 'Indus Civilisation', in *Brill's Encyclopaedia of Hinduism*, ed. Knut A. Jacobsen, Vol. iv (Leiden, 2012), p. 7.

13. Eric H. Cline, *1177. BC: The Year Civilization Collapsed* (Princeton, njNJ2014), p. 174.

14. McIntosh, *A Peaceful Realm*, p. 193.

第 10 章　解读印度河字符

1. John DeFrancis, *Visible Speech: The Diverse Oneness of Writing Systems* (Honolulu, 1989), p. 4.

2. Michael D. Coe, 'On *Not* Breaking the Indus Code', *Antiquity*, lxix (1995), pp. 393–5.

3. Gregory Possehl, *Indus Age: The Writing System* (Philadelphia, pa, 1996), p. 101.

4. Asko Parpola, *Deciphering the Indus Script* (Cambridge, 1994), p. 57.

5. Possehl, *Indus Age*, p. 89.

6. Flinders Petrie, 'Mohenjo-daro', *Ancient Egypt and the East*, ii (1932), p. 34.

7. J. V. Kinnier Wilson, 'Fish Rations and the Indus Script: Some New Arguments in the Case for Accountancy', *South Asian Studies*, iii (1987), pp. 41–46.

8. S. R. Rao, *The Decipherment of the Indus Script* (Bombay, 1982), fig. 8.

9. Possehl, *Indus Age*, p. 168; Walter A. Fairservis Jr, *The Harappan Civilization and Its Writing: A Model for the Decipherment of the Indus Script* (Leiden, 1992), preface.

10. Iravatham Mahadevan, 'What do we Know about the Indus Script? *Neti Neti* ("Not This Nor That")', *Journal of the Institute of Asian Studies*, vii (1989), p. 9.

11. Ibid.

12. Steven Christopher Bonta, 'Topics in the Study of the Indus Valley Script', MA thesis, Department of Linguistics, Brigham Young University, Provo, Utah, 1996.

13. Parpola, *Deciphering the Indus Script*, p. 69.

14. Ibid., p. 82.

15. Ibid., p. 83.

16. Mahadevan, 'What do we Know about the Indus Script?', p. 11.

17. John Marshall, *Mohenjo-daro and the Indus Civilization* (London, 1931), p. 42.

18. Parpola, *Deciphering the Indus Script*, p. 165.

19. Quoted in Parpola, *Deciphering the Indus Script*, p. 181. 转引自 Parpola, *Deciphering the Indus Script*，第 181 页。

20. Iravatham Mahadevan, "An Encyclopedia of the Indus Script", *The Book Review*, 19. (1995), p. 11.

21. Interview with Iravatham Mahadevan, section 12, available at www.harappa.com.

22. Parpola, *Deciphering the Indus Script*, p. 278.

第 11 章　印度教的印度河文明起源？

1. Asko Parpola, 'Indus Civilisation', in *Brill's Encyclopaedia of Hinduism*, ed. Knut A. Jacobsen, Vol. iv (Leiden, 2012), p. 9.

2. Dilip K. Chakrabarti, ed., *Indus Civilization Sites in India: New Discoveries* (Mumbai, 2004), p. 20.

3. Romila Thapar, *Early India: From the Origins to AD 1300.* (London, 2002), p. 439.

4. Asko Parpola, *The Roots of Hinduism: The Early Aryans and the Indus Civilization* (New York, 2015), p. 3.

5. Thomas R. Trautmann, *India: Brief History of a Civilization* (New York, 2011), p. 33.

6. Louis Renou, *Religions of Ancient India* (London, 1953), p. 47.

7. Ibid., p. 3.

8. John Marshall, *Mohenjo-daro and the Indus Civilization* (London, 1931), p. 112.

9. *The Rig Veda*, trans. Wendy Doniger O'Flaherty (London, 1981), p. 240.

10. Parpola, 'Indus Civilisation', p. 9.

第 12 章　印度河文明的遗产

1. Jawaharlal Nehru, *The Discovery of India* (London, 1946), pp. 30, 47, 49.

2. Pyarelal, *Mahatma Gandhi*, Vol. i: *The Early Phase* (Ahmedabad, 1965), p. 192.

3. Dilip K. Chakrabarti, ed., *Indus Civilization Sites in India: New Discoveries* (Mumbai, 2004), p. 7.

参考书目

Aruz, Joan, ed., with Ronald Wallenfels, *Art of the First Cities: The Third Millennium B.C. from the Mediterranean to the Indus* (New Haven, CT, 2003)

Basham, A. L., *The Origins and Development of Classical Hinduism* (Boston, MA, 1989)

Bonta, Steven Christopher, 'Topics in the Study of the Indus Valley Script', MA thesis, Department of Linguistics, Brigham Young University, Provo, Utah, 1996

Chakrabarti, Dilip K., ed., *Indus Civilization Sites in India: New Discoveries* (Mumbai, 2004)

——, *The Oxford Companion to Indian Archaeology: The Archaeological Foundations of Ancient India, Stone Age to AD 13th Century* (New Delhi, 2006)

Clark, Kenneth, *Civilisation: A Personal View* (London, 1969)

Cline, Eric H., *1177 BC: The Year Civilization Collapsed* (Princeton, nj, 2014)

Coe, Michael D., 'On *Not* Breaking the Indus Code', *Antiquity*, lxix (1995), pp. 393–395

Cunningham, Alexander, *Annual Report of the Archaeological Survey of India*, v (Calcutta, 1875)

DeFrancis, John, *Visible Speech: The Diverse Oneness of Writing Systems* (Honolulu, hi, 1989)

Dixit, Yama, David A. Hodell and Cameron A. Petrie, 'Abrupt Weakening of the Summer Monsoon in Northwest India ≈ 4100 yr Ago', *Geology*, xlii (2014), pp. 339–342

Doniger O'Flaherty, Wendy, trans., *The Rig Veda: An Anthology* (London, 1981)

Fagan, Brian, *Beyond the Blue Horizon: How the Earliest Mariners Unlocked the Secrets of the Oceans* (London, 2012)

Fairservis, Jr, Walter A., *The Harappan Civilization and its Writing: A Model for the Decipherment of the Indus Script* (Leiden, 1992)

Flam, L., 'Fluvial Geomorphology of the Lower Indus Basin (Sindh, Pakistan) and the Indus Civilisation', in *Himalayas to the Sea: Geology, Geomorphology and the Quaternary*, ed. J. F. Shroder (New York, 1993), pp. 265–287

Gupta, S. P., *The Indus-Saraswati Civilization: Origins, Problems and Issues*

(New Delhi, 1996)

Heyerdahl, Thor, *The Tigris Expedition: In Search of Our Beginnings* (London, 1980)

Jansen, Michael, Máire Mulloy and Günter Urban, eds, *Forgotten Cities on the Indus: Early Civilization in Pakistan from the 8th to the 2nd Millennium BC* (Mainz, 1991)

Jha, N., and N. S. Rajaram, *The Deciphered Indus Script: Methodology, Readings, Interpretations* (New Delhi, 2000)

Joshi, Jagat Pati, and Asko Parpola, eds, *Corpus of Indus Seals and Inscriptions*, Vol. i: *Collections in India* (Helsinki, 1987)

Kennedy, Kenneth A. R., 'Skulls, Aryans and Flowing Drains: The Interface of Archaeology and Skeletal Biology in the Study of the Harappan Civilization', in Jonathan Mark Kenoyer, *Ancient Cities of the Indus Valley Civilization* (Karachi, 1998)

——, 'Uncovering the Keys to the Lost Indus Cities', *Scientific American* (July 2003), pp. 66–75

Kenoyer, Jonathan Mark, *Ancient Cities of the Indus Valley Civilization* (Karachi, 1998)

Khan, F., J. R. Knox, K. D. Thomas and J. C. Morris, *Sheri Khan Tarakai and Early Village Life in the Borderlands of North-west Pakistan*, ed. C. A. Petrie

(Oxford, 2010)

Kinnier Wilson, J. V., 'Fish Rations and the Indus Script: Some New Arguments in the Case for Accountancy', *South Asian Studies*, iii (1987), pp. 41–46

Kovach, Robert L., Kelly Grijalva and Amos Nur, 'Earthquakes and Civilizations of the Indus Valley: A Challenge for Archaeoseismology', in *Ancient Earthquakes*, ed. Manuel Sintubin, Iain S. Stewart, Tina M. Nierni and Erhan Altunel, Geological Society of America Special Paper 471 (Boulder, Co., 2010), pp. 119–127

Lahiri, Nayanjot, *Finding Forgotten Cities: How the Indus Civilization was Discovered* (Oxford, 2006)

——, ed., *The Decline and Fall of the Indus Civilization* (New Delhi, 2000)

McIntosh, Jane R., *A Peaceful Realm: The Rise and Fall of the Indus Civilization* (Boulder, Co., 2002)

——, *The Ancient Indus Valley: New Perspectives* (Santa Barbara, CA, 2008)

Mackay, E.J.H., *Further Excavations at Mohenjo-daro*, 2 vols (New Delhi, 1938)

Mahadevan, Iravatham, 'What do we Know about the Indus Script? Neti Neti ("Not This Nor That")', *Journal of the Institute of Asian Studies*, vii (1989), pp. 1–37

——, 'An Encyclopedia of the Indus Script', *The Book Review* [New Delhi], xix

(June 1995), pp. 9–12

——, 'Murukan in the Indus Script', *Journal of the Institute of Asian Studies*, xvi (1999), pp. 3–39

——, 'One Sees what one Wants To', *Frontline*, 11–24 November 2000, p. 125

Marshall, John, 'First Light on a Long-forgotten Civilisation: New Discoveries of an Unknown Prehistoric Past in India', *Illustrated London News*, 20 September 1924, pp. 528–32, 548

——, *Annual Report of the Archaeological Survey of India, 1925–1926: Exploration, Western Circle, Mohenjo-daro* (Calcutta, 1926)

——, *Mohenjo-daro and the Indus Civilization*, 3 vols (London, 1931)

Masson, Charles, *Narrative of Various Journeys in Balochistan, Afghanistan, and the Panjab*, Vol. i (London, 1842)

Meadow, Richard H., 'The Domestication and Exploitation of Plants and Animals in the Greater Indus Valley, 7th–2nd Millennium BC', in *Forgotten Cities on the Indus: Early Civilization in Pakistan from the 8th to the 2nd Millennium BC*, ed. Michael Jansen, Máire Mulloy and Günter Urban (Mainz, 1991)

Miller, Naomi, 'The Use of Dung as Fuel: An Ethnographic Example and an Archaeological Application', *Paléorient*, x (1984), pp. 71–79

Mughal, Mohammed Rafique, *Ancient Cholistan: Archaeology and Architecture*

(Lahore, 1997)

Nehru, Jawaharlal, *The Discovery of India* (London, 1946)

Parpola, Asko, *Deciphering the Indus Script* (Cambridge, 1994)

——, 'Indus Civilisation', in *Brill's Encyclopaedia of Hinduism*, ed. Knut A. Jacobsen, Vol. iv (Leiden, 2012)

——, *The Roots of Hinduism: The Early Aryans and the Indus Civilization* (New York, 2015)

Parpola, Asko, B. M. Pande and Petteri Koskikallio, eds, *Corpus of Indus Seals and Inscriptions*, Vol. iii: *New Material, Untraced Objects, and Collections Outside India and Pakistan* (Helsinki, 2010)

Petrie, Flinders, 'Mohenjo-daro', *Ancient Egypt and the Near East* (1932), Part Two, pp. 33–40

Piggott, Stuart, *Prehistoric India to 1000 BC* (London, 1950)

Possehl, Gregory L., *Indus Age: The Writing System* (Philadelphia, pa, 1996)

——, *The Indus Civilization: A Contemporary Perspective* (New Delhi, 2003)

——, ed., *Harappan Civilization: A Contemporary Perspective* (New Delhi, 1982)

Rao, S. R., *The Decipherment of the Indus Script* (Bombay, 1982)

Ratnagar, Shereen, *Trading Encounters: From the Euphrates to the Indus in the Bronze Age* (New Delhi, 2004)

Ray, Satyajit, *The Unicorn Expedition, and Other Fantastic Tales of India* (New York, 1987)

Reade, Julian, ed., *The Indian Ocean in Antiquity* (London, 1996)

Renou, Louis, *Religions of Ancient India* (London, 1953)

Robinson, Andrew, *The Story of Writing: Alphabets, Hieroglyphs and Pictograms*, revd edn (London, 2007)

——, *Lost Languages: The Enigma of the World's Undeciphered Scripts*, revd edn (London, 2009)

——, *India: A Short History* (London, 2014)

Shah, Sayid Ghulam Mustafa, and Asko Parpola, eds, *Corpus of Indus Seals and Inscriptions*, Vol. ii: *Collections in Pakistan* (Helsinki, 1991)

Simpson, Edward, *The Political Biography of an Earthquake: Aftermath and Amnesia in Gujarat, India* (London, 2013)

Thapar, Romila, *Early India: From the Origins to AD 1300* (London, 2002)

Trautmann, Thomas R., *India: Brief History of a Civilization* (New York, 2011)

——, ed., *The Aryan Debate* (New Delhi, 2005)

Wells, Bryan K., *Epigraphic Approaches to Indus Writing* (Oxford, 2011)

Wheeler, Mortimer, *Still Digging: Interleaves from an Antiquary's Notebook* (London, 1955)

——, *The Indus Civilization*, 3rd edn (Cambridge, 1968)

Witzel, Michael, and Steve Farmer, 'Horseplay in Harappa: The Indus Valley Decipherment Hoax', *Frontline*, 30 September–13 October 2000, pp. 4–14

Woolley, Leonard, *Ur 'of the Chaldees'*, ed. P.R.S. Moorey (London, 1982)

Wright, Rita P., *The Ancient Indus: Urbanism, Economy, and Society* (New York, 2010)

Yadav, Nisha, 'Sensitivity of Indus Script to Site and Type of Object', *Scripta*, v (2013), pp. 67–103

The best website about the Indus civilization is www.harappa.com

（最好的介绍印度河文明的网站是 www.harappa.com。）

致谢

本书作者感谢瑞艾克绅出版社（Reaktion Books）的本·海斯（Ben Hayes）提供本书创意，并感谢艾梅·塞尔比优秀的编辑工作。

图片提供鸣谢

本书作者及出版社希望在此表示对以下单位或个人的由衷谢意，感谢他们提供本书中插图并 / 或允许复制图片。下面还列出了部分艺术品的收藏地点。

108, 123, 127 (top), 155, 156, 162, 163, 169; V. S. Pramar: p. 175; from Colin Renfrew and Paul Bahn, *Archaeology: Theories, Methods and Practice* (London, 1991): p. 39; Viktor Sarianidi: p. 142; drawing by Bryan Sentance: p. 174; The Wellcome Library, London: p. 14 (top).

在以下条件下：

· 署名—图片读者必须按照作者或许可人给出的方式标注图片版权（但不可以任何方式暗示版权所有方为自己或自己的作品背书）

图片读者可以任意：

· 共享—复制、发布、传送图片本身

· 演绎—编辑图片本身

重要译名对照

史蒂夫·法默	Farmer, Steve
小雕像，小塑像	figurines
“火祭坛”	‘fire altars’
路易·弗朗	Flam, Louis
燧石	flint
C. J. 加德	Gadd, C. J.
莫罕达斯·卡拉姆昌德·甘地（圣雄甘地）	Gandhi, Mohandas Karamchand (Mahatma)
恒河	Ganges river
甘维里瓦拉	Ganweriwala
克格尔—哈克拉河	Ghaggar–Hakra river
恒河鳄	gharials
戈努尔	Gonur
谷仓（哈拉帕）	Granary (Harappa)
大浴池（摩亨焦达罗）	Great Bath (Mohenjodaro)
古阿巴	Guabba
古地亚	Gudea
古吉拉特（邦）	Gujarat
古姆拉	Gumla
S. P. 笈多	Gupta, S. P.

建筑	architecture
工艺美术	arts and crafts
船只	boats and ships
葬俗	burial practices
气候	climate
时期	dating
衰落与消失	decline and disappearance
发现	discovery
下水道与卫生系统	drainage and sanitation
地理环境	geographical environment
语言	language
遗产	legacy
地图	map
宗教	religion
文字	script
社会	society
贸易	trade
水的供给	water supply
印度河	Indus river
伊拉克	Iraq
耆那教	Jainism

莫卧儿人	Mughals
蒙达语族	Munda (language)
穆鲁坎（早期泰米尔战神）	Murukan (Tamil god)
纳格斯瓦尔	Nageswar
奈拉河	Nara river
瑙舍罗	Nausharo
贾瓦哈拉尔·尼赫鲁	Nehru, Jawaharlal
尼罗河	Nile river
汉斯·尼森	Nissen, Hans
燕麦	oats
阿曼	Oman
亚洲野驴	onager (steppe ass)
牛车	oxcarts
阿姆河	Oxus river
巴基斯坦	Pakistan
宫殿	palaces
巴勒斯坦	Palestine
阿斯科·帕尔波拉	Parpola, Asko
印巴分治	partition of India
兽主（印度教神祇，湿婆的名号）	Pashupati (Hindu god)
菩提树	peepal trees

阎魔（印度教神祇）

Yama (Hindu god)

阎牟那河

Yamuna river

瑜伽

yoga

瘤牛

zebus